(Par Mérilhou, d'après Barbier.)

PROCÈS

INTENTÉ

PAR LE CONSEIL MUNICIPAL

DE BORDEAUX,

A L'AUTEUR DE LA TRIBUNE

DE LA GIRONDE,

RELATIVEMENT A LA JOURNÉE DU 12 MARS 1814.

A PÉRIGUEUX,

CHEZ F. DUPONT, IMPRIMEUR DU DÉPARTEMENT.

AN 1820.

PRÉFACE.

La Cour de cassation, section criminelle, est saisie, en ce moment, du pourvoi formé par M. Pujos, rédacteur de la Tribune de la Gironde, contre un arrêt de la Cour d'assises de Bordeaux qui le condamne comme ayant diffamé le Conseil municipal de cette ville.

Dans les débats de ce procès, on a agité des questions graves de jurisprudence et d'histoire. Des motifs, dont on verra plus bas l'examen, ont fait écarter les dépositions de plusieurs témoins considérables, ainsi que les pièces propres à établir les faits dont il s'agissait : on a refusé de poser au Jury la question de la vérité ou de la fausseté des faits justificatifs. Sans critiquer les décisions qu'on vient d'indiquer, on en conclura seulement que la vérité des faits n'ayant pu être soumise aux jurés, aucune conséquence à cet égard ne peut être déduite de la déclaration adoptée par la Cour d'assises après le partage du Jury.

Cependant M. Pujos est condamné comme diffamateur.......

La Cour de cassation appréciera la régularité de la procédure qui a amené ce résultat, et, sans doute, son jugement rouvrira de nouveau, à l'auteur, la lice judiciaire, où la vérité éclatera enfin dans toute sa pureté.

En attendant ce jour si désiré, l'écrivain qui n'envisagea que le bien de son pays pour objet, et l'estime publique pour récompense, se doit à lui-même de mettre sous les yeux de ses concitoyens l'ensemble des débats qui, pendant trois audiences, ont occupé l'attention de la Cour d'assises de la Gironde; peut-être l'histoire y puisera quelques-uns de ces renseignemens utiles que l'esprit de faction cherche à ensevelir dans l'oubli, pour défigurer plus sûrement les événemens contemporains.

La publicité, qui est de l'essence des débats criminels, est surtout nécessaire dans les procès où des intérêts illégitimes peuvent trouver leur profit à égarer l'opinion publique. Chaque accusé, innocent ou coupable, a droit de ne paraître à ses concitoyens que tel qu'il est en réalité, c'est-à-dire, avec le caractère que lui ont assigné les débats dans l'esprit des personnes qui les ont suivis avec attention. Toute pratique, toute mesure qui tend à former, au dehors de l'enceinte de la justice, une opinion contraire à celle qui règne dans l'enceinte, est une manœuvre propre à fausser l'esprit de nos institutions; c'est une véritable trahison envers l'accusé, qui sortira de l'enceinte, non pas tel que l'ont fait les débats, mais tel que l'ont fait les dépositaires du monopole de la publicité.

Ce monopole s'exerce par les journaux censurés : par eux, la presse, loin de répandre la lumière, ne sert souvent qu'à propager l'erreur ; si les débats criminels ne sont pas complétement reproduits dans les feuilles périodiques, ils le sont inexactement : or, un récit inexact n'est-il pas le contraire de la vérité ?

Telle fut, dans tous les temps, la marche de la censure. En se réveillant, après un court sommeil, elle a retrouvé toutes ses habitudes mensongères, pour les mettre à la solde du pouvoir qui voulait être trompé par elle.

Si quelque chose devrait être sacré pour elle, ce serait les débats de la tribune nationale, et ceux des Cours de justice.

Ces discussions appartiennent à la société : elle a le droit de les connaître ; mais elle ne les connaît pas, si une partie seulement lui est révélée, et si l'on étouffe la défense après avoir publié l'accusation par toutes les bouches de la renommée.

En 1817, lors de la discussion de la loi de la censure, M. le marquis de Lally-Tolendal, rapporteur de la Chambre des pairs, exprimait l'opinion qu'un pareil abus ne se présenterait jamais. Il parlait au mois de décembre, et au mois de janvier 1818, on en dénonça un exemple remarquable, à l'occasion du procès de M. Scheffer, auteur de *l'État de la liberté en France*. Cette réclamation n'empêcha pas la continuation de ces pratiques de mensonges; et marchant d'abus en abus, la censure tomba bientôt sous le poids de ses propres excès, par les soins d'un ministre qui alors donnait pour base à l'autorité royale le développement de la liberté constitutionnelle.

Depuis sa résurrection, la censure n'a pas respecté davantage les débats judiciaires. M. de Jouy, en publiant le procès de *l'Ermite en province*, a consigné, dans sa préface, une énergique protestation contre la même partialité qui avait été déjà dénoncée en janvier 1818. Ces plaintes ne découragent pas les agens de la censure; et le procès de la Tribune de la Gironde a fourni une nouvelle preuve de cette persévérance de partialité qui impose le devoir de persévérer dans la plainte, pour que du moins les gens qui prétendent diriger l'opinion publique par l'erreur, applaudissent au zèle de leurs subordonnés.

On ne croit pas devoir relever les personnalités, au moins inconvenantes, que les rédacteurs de la Ruche d'Aquitaine ont cru pouvoir se permettre à l'égard du défenseur. Appelé par les lois à établir des vérités qu'il croit utiles, et à prouver des faits incontestables, il n'a pas ambitionné, sans doute, l'approbation de ceux dont il devait contrarier les idées et combattre les passions ; on ne relèvera ici des torts de la censure, que ceux qui ont blessé l'intérêt d'un prévenu alors placé sous la protection des lois.

L'accusation, ses développemens, des réflexions propres à exciter des préventions contre M. Pujos ont été accueillies avec faveur par l'autorité qui gouverne les journaux bordelais. Il n'a été permis à aucun journaliste de recueillir la défense, ni d'émettre des réflexions favorables au prévenu.

Si le législateur pense que la publicité des débats criminels a quelque utilité, il pensera aussi, sans doute, que les agens du ministère ne peuvent avoir le droit de mutiler ces débats, et d'intercepter au public la connaissance de tout ce que l'accusé peut avoir intérêt à publier.

Depuis long-temps des hommes d'Etat qui mettent la sécurité des personnes au nombre des devoirs de la société civile, provoquent de tous leurs efforts la réforme de l'institution du jury. Après de longues incertitudes, l'intervention unique du sort est invoquée, comme plus rassurante ou moins alarmante que l'autorité des préfets.

Le droit qu'ont les préfets de former *arbitrairement* la première liste des jurés, l'impossibilité où est l'accusé de vérifier la capacité légale des personnes que le préfet appelle, et de faire réparer l'erreur qui appellerait des incapables à cette fonction, la plus auguste de l'ordre social ; tout cela fait du Jury une véritable réunion de commissaires du préfet, instrument terrible dans des temps où l'autorité pourrait perdre de vue sa noble destination. Par là, un préfet peut donner à un accusé ses ennemis ou ses parties adverses, pour juges en dernier ressort, de sa vie, de son honneur et de sa liberté.

Il est évident, par la lecture des pièces de ce procès, que les discussions qu'il devait amener touchaient à l'appréciation de la conduite des hommes qui dirigèrent à Bordeaux les événemens du 12 mars; l'auteur de la Tribune était accusé pour avoir désapprouvé le monument triomphal élevé, par eux, en commémoration de cet événement.

Tout le monde sait qu'à Bordeaux il existait, avant 1814, une organisation militaire secrète, qui a coopéré très-puissamment aux événemens du 12 mars. Les citoyens qui ont appartenu à cette milice occulte, sont aujourd'hui décorés d'un ruban vert, et d'une décoration appelée le *Brassard*. Personne n'ignore la conduite tenue à cette même époque par M. le comte Lynch, maire de Bordeaux, et les éclatantes récompenses dont il a été comblé.

La cause à juger était, à proprement parler, celle de M. le comte de Lynch, et de ceux des habitans de Bordeaux qui ont été décorés du ruban du *Brassard* (1).

---

(1) On trouve la liste de MM. les chevaliers du Brassard, imprimée en entier, dans les Étrennes royales de la ville de Bordeaux, dédiées à M. le duc de Damas. A Bordeaux, chez Brossier, 1818.

M. le préfet de la Gironde, ignorant sans doute des circonstances que tout Bordeaux connaissait, a jugé convenable de faire asseoir, parmi les jurés, le propre frère de M. le comte Lynch, et un bon nombre de citoyens décorés du *Brassard ;* parmi eux était un de leurs chefs. La liste signifiée a été de trente jurés, au lieu de trente-six que la loi désire ; le prévenu n'a eu que neuf récusations à exercer au lieu de douze qu'il avait droit d'espérer, et malgré les récusations et le sort, trois jurés décorés de l'ordre du *Brassard* ont pris part au jugement.

Le prévenu ignore quel a été le vote de chacun des douze jurés ; il croit fermement qu'ils n'ont voté que selon leur conscience ; toutefois il est évident que le partage qui a eu lieu dans le jury, prouve que la culpabilité n'était pas incontestable ; et quelque honorable que puisse être le caractère de quelques-uns de MM. les jurés, honorés de la confiance du préfet, leur situation sociale bien connue, leurs affections, l'intérêt qu'ils avaient à la décision de la cause, ne paraissaient pas devoir leur mériter la préférence pour recevoir le caractère de juge dans cette conjoncture.

Si l'on fait attention à la nature même du procès, on verra qu'avec de certaines combinaisons, l'institution du jury peut devenir une garantie à-peu-près illusoire.

Par qui était poursuivi l'auteur de la Tribune?

Par une réunion de commissaires du préfet, qui se sont appelés *le Conseil municipal de Bordeaux*.

Par qui a été jugé l'auteur de la Tribune?

Par une réunion de commissaires du préfet, qui s'appellent *jurés* dans notre langue légale actuelle.

C'est donc le préfet qui a fourni à M. Pujos ses accusateurs et ses juges.

Pour quel fait a été condamné l'auteur de la Tribune?

Pour avoir méconnu le caractère héroïque des événemens du 12 mars 1814.

On lui a donné pour *jurés* les hommes qui ont fait le 12 mars, et qui, chaque jour, s'enorgueillissent des souvenirs de cette journée.

PIÈCES

RELATIVES AU PROCÈS

INTENTÉ

AU RÉDACTEUR DE LA TRIBUNE

DE LA GIRONDE,

PAR LE

CONSEIL MUNICIPAL DE BORDEAUX.

MAIRIE DE LA VILLE DE BORDEAUX.

Extrait du registre des arrêtés du maire de la ville de Bordeaux.

LE MAIRE DE LA VILLE DE BORDEAUX,

Considérant que l'anniversaire *du 12 mars*, de ce jour mémorable, où la ville de Bordeaux fit éclater, la première, les sentimens, long-temps comprimés, de dévouement et d'amour à l'auguste famille des Bourbons, est marqué, chaque année, par des dispositions administratives qui secondent et régularisent le loyal enthousiasme des habitans de Bordeaux;

Considérant que ces sentimens, qui ont honoré la cité du

12 mars aux yeux de la France et de l'Europe, se sont montrés, avec une nouvelle force, dans une occasion déplorable; et que cette circonstance même, *et l'audace croissante des ennemis du trône*, *commandent aux Bordelais d'en multiplier les énergiques démonstrations*, mais que le douloureux souvenir d'un horrible attentat nous interdit toute manifestation d'allégresse;

Considérant néanmoins qu'une religieuse commémoration, et la consécration du monument destiné à perpétuer la mémoire de l'entrée de S. A. R. Mgr. le duc d'Angoulême dans la ville fidelle, peuvent encore célébrer dignement le retour de cette journée de gloire et de bonheur, arrête :

(Suivent les articles, au nombre de 7, tous relatifs à l'inauguration de la colonne consacrée à la mémoire du 12 mars).

Fait à Bordeaux, etc.

Signé, vicomte de GOURGUES.

Vu et approuvé :

Le Préfet, signé TOURNON.

PLAINTE.

Lettre écrite à M. le Procureur-général.

Bordeaux, 14 mars 1826.

MONSIEUR LE PROCUREUR-GÉNÉRAL,

J'ai l'honneur de vous dénoncer, en ma qualité de maire de la ville de Bordeaux, deux articles insérés dans les numéros 91 et 102 du journal, intitulé *la Tribune de la Gironde*. Le premier, commençant par ces mots : *Adresse des chiens roquets*, etc., et finissant par ceux-ci : *Le 29 février*. Le second, commençant par ces mots : *Nous saluons aujourd'hui*, et finissant par ceux-ci : *Leur immortelle couronne*.

Le premier de ces articles contient une injure manifeste adressée aux magistrats municipaux de cette ville, et par conséquent à celui qui a l'honneur d'en être le chef, et qui seul le représente. L'injure se trouve particulièrement dans le titre, qui est conçu de la manière suivante : « Adresse « des carlins, roquets, barbets, chiens couchans et autres « animaux japans, domiciliés dans la ville de Bordeaux et « la banlieue, présentée au pernicieux Munito, par une « députation solennelle des magistrats municipaux desdites « races canines. »

L'injure consiste encore dans ces mots : « Fait à Bor- « deaux, en notre chenil municipal, l'an 3350 de l'ère « des chiens de Jesabel, le 29 février. »

Le second de ces articles dénoncés est à la fois diffamatoire et injurieux. La diffamation et l'injure se trouvent particulièrement dans le dernier paragraphe, ainsi conçu :

« Espérons que la pompe de la fête dont nous saluons « l'aurore, sera en tout digne de son objet ; espérons que « l'appel fait par les magistrats de cette ville (en note, « arrêté du maire de la ville de Bordeaux, du 6 mars 1820) « à d'énergiques démonstrations, par opposition à l'audace « croissante des ennemis du trône, sera entendu ; et que, « distrait par cet appel paternel de la profonde douleur « dont ils sont frappés, nos énergiques démonstrateurs se « sont préparés à ajouter un nouveau fleuron à leur im- « mortelle couronne. »

Cette phrase, et l'affectation avec laquelle diverses expressions ont été soulignées, tend évidemment à m'accuser d'avoir voulu provoquer les citoyens à des excès et à des violences.

Je dois à l'autorité dont je suis revêtu, et au maintien de la tranquillité publique, compromise par l'avilissement de cette autorité, de demander aux tribunaux la réparation qui m'est due.

En conséquence, j'ai l'honneur de vous porter plainte contre les rédacteurs du journal la Tribune de la Gironde, pour cause de diffamation et d'injure, m'en remettant à votre sagesse du soin de prendre les mesures convenables pour me faire rendre la justice que je réclame.

J'ai l'honneur d'être, etc.,

Monsieur le procureur du Roi,

Votre très-humble, etc.

Le maire de la ville de Bordeaux,

Signé, vicomte de GOURGUES.

MAIRIE DE LA VILLE DE BORDEAUX.

Extrait du registre des délibérations du Corps municipal de la ville de Bordeaux.

SÉANCE DU 21 MARS 1820.

LE 21 mars 1820, à 7 heures du soir, le corps municipal de la ville de Bordeaux, extraordinairement convoqué par

M. le vicomte de Gourgues, maire, en vertu de l'autorisation qu'en a donnée M. le préfet, ce jour, s'est réuni.

Étaient présens :

MM. Delabroue, Mondenard, de Roquelaure, Arnoux, Beaubens et Raymond-Vigne, *adjoints de maire.*

Balguerie-Junior, Emerigon, Cabarrus, Archbott, Maccarthy, Nairac, Roullet, Desèze (Victor), Albespy, de Marbotin, Billate de Faugère, Devaulx, de Pichon, Gauthier, Desfourniel, Didier-Bechade, de Ganduque, de Villeneuve, Chalu, Couraù et Balguerie-Stuttemberg, membres du conseil municipal.

La séance est ouverte.

M. le maire a fait connaître le motif pour lequel il a convoqué l'assemblée générale du corps municipal. Il a fait donner lecture, 1.° de la lettre à lui écrite ce jour, par M. le préfet, pour autoriser ladite convocation; 2.° des numéros 102 et 108 du journal rédigé à Bordeaux sous le titre de *la Tribune de la Gironde.*

Sur quoi, après une mûre discussion, et les opinions ayant été individuellement données, le corps municipal de Bordeaux a pris la délibération suivante :

Vu l'article inséré dans le n.° 102 de la Tribune, portant la date du 12 mars 1820, commençant par ces mots : « *Nous saluons aujourd'hui,* et finissant par ceux-ci : *Un nouveau fleuron à leur immortelle couronne.* »

Vu l'article inséré dans le n.° 108 de la Tribune, portant la date du 18 mars 1820, commençant par ces mots : « *De hautes considérations,* etc., et finissant par ceux-ci : « *Des discussions déplorables qui pourraient s'envenimer encore.* »

Vu les articles 1, 4 et 6 de la loi du 17 mars 1819, ainsi conçus :

(Suivent les articles).

Considérant que long-temps avant le 12 mars 1814, les habitans de Bordeaux faisaient des vœux pour le rétablissement de S. M. Louis XVIII sur le trône de ses ancêtres ; que même un grand nombre d'entre eux prirent des mesures pour accélérer l'instant où le drapeau blanc pourrait être arboré dans cette ville ; que S. M., connaissant les sentimens et les vœux des Français, chargea, par lettres-patentes données à Hartwel, le 14 janvier 1814, S. A. R. Mgr. le duc d'Angoulême de se rendre, en son nom, dans sa province de Béarn et dans les provinces voisines, à l'effet d'y exercer provisoirement tous les pouvoirs de la couronne ;

Qu'à son arrivée à St.-Jean-de-Lux, S. A. R. fit publier, les 10 et 11 février 1814, des proclamations, pour annoncer aux Français son arrivée et ses pouvoirs ;

Que ce fut aux vives sollicitations des fidelles Bordelais, que S. A. R. résolut de se rendre à Bordeaux avec la plus noble confiance ; que S. Exc. le duc de Wellington crut alors devoir diriger sur la même ville un détachement de son armée, afin de protéger le mouvement qui devait remettre cette cité sous l'autorité de son légitime Roi ;

Que le 12 mars 1814, au point du jour, il ne restait aucun navire dans ce port ; que les troupes françaises stationnées à Bordeaux avaient entièrement évacué cette ville, et que le drapeau tricolore avait disparu de tous les édifices publics, même du Château-Trompette, seule forteresse qui existât alors à Bordeaux ;

Que le matin du même jour, au moment où le corps municipal, présidé par M. le comte de Lynch, lors maire de Bordeaux, sortit de l'hôtel de la mairie de Bordeaux pour aller au-devant de S. A. R. Mgr. duc d'Angoulême, le drapeau blanc fut déployé et arboré sur le clocher de St. Michel; que le corps municipal ayant rencontré au lieu *dit le Bequet*, à demi-lieue de la ville, un faible détachement de troupes étrangères qui précédait l'auguste représentant de S. M., M. le comte de Lynch, les membres du corps municipal et une foule immense de citoyens, s'empressèrent de se parer de la cocarde blanche, aux cris unanimes de *vive le Roi! vivent les Bourbons!*

Que le maréchal Beresford, commandant le détachement des troupes étrangères, s'étant rendu à Bordeaux, ne s'opposa nullement à ce que le drapeau blanc fût immédiatement placé sur la porte de l'hôtel de la mairie et sur tous les édifices publics et particuliers; qu'il déclara même n'être entré dans cette ville que pour protéger le vœu de ses habitans.

Qu'environ une heure après, S. A. R. Mgr. duc d'Angoulême, accueilli hors de Bordeaux par le corps municipal, fit son entrée dans cette ville où il fut reçu avec le plus vif enthousiasme; que le *Te Deum* fut spontanément chanté dans l'église métropolitaine de St.-André, en action de grâces de l'heureux retour des Bourbons, et aux acclamations d'un peuple entier dont les transports ne pouvaient même être contenus par la sainteté du lieu.

Que le soir du même jour, M. le comte de Lynch fit publier une proclamation relative aux événemens qui s'étaient passés dans cette journée glorieuse, proclamation contenant les phrases suivantes :

« Habitans de Bordeaux, le Magistrat paternel de votre « ville, a été appelé, par les plus heureuses circonstances, « à se rendre l'interprète de vos vœux, trop long-temps

« comprimés, et l'organe de vos intérêts, pour accueillir, « en votre nom, le neveu, le gendre de Louis XVI, dont « la présence change en alliés des peuples irrités, qui, jus- « qu'à vos portes, ont eu le nom d'ennemis. Déjà, Bor- « delais, les proclamations que, dans l'impuissance de la « presse, vos plumes impatientes ont multipliées, vous ont « rassurés sur les intentions de notre Roi et le projet de « ses alliés. Ce n'est pas pour assujettir nos contrées à une « domination étrangère, que les Anglais, les Espagnols et « les Portugais y apparaissent...... L'époux de la fille de « Louis XVI est dans vos murs : il vous fera bientôt entendre « lui-même l'expression des sentimens qui l'animent, et de « ceux du Monarque dont il est le représentant et l'in- « terprète. Amsterdam n'a point attendu la présence de « ses libérateurs pour se prononcer et rétablir l'ancien gou- « vernement, seul capable de rappeler son commerce et sa « prospérité..... Les prémiers, vous aurez donné un exemple « semblable à la France. La gloire et l'avantage qu'en re- « tirera notre ville, la rendront à jamais célèbre et heu- « reuse entre les cités. »

Que M. Both de Tauzia, adjoint à la mairie de Bordeaux, fut aussitôt chargé de porter à S. M., lors en Angleterre, le récit exact du beau mouvement qui venait de s'opérer, ainsi que l'hommage du respect, de l'amour et de la fidélité des Bordelais ; que le 31 mars 1814, S. M. daigna écrire à M. le comte de Lynch, une lettre, datée d'Hartwel, contenant ces touchantes et mémorables expressions :

« M. le comte de Lynch, c'est avec ce sentiment qu'un « cœur paternel peut seul éprouver, que j'ai appris le « noble élan qui m'a rendu ma bonne ville de Bordeaux. « Cet exemple sera, je n'en doute pas, suivi par toutes

« les autres parties de mon royaume. Ni moi, ni mes suc« cesseurs, ni la France n'oublieront jamais que, les pre« miers rendus à la liberté, les Bordelais furent aussi les « premiers à voler dans les bras de leur père. J'espère qu'a« vant peu, rendu moi-même dans ces murs, où, pour me « servir du langage du bon Henri, mon heur a pris com« mencement, je pourrai peindre mieux les sentimens dont « je suis pénétré.

Que le 15 mars 1814, S. A. R. Mgr. le duc d'Angoulême, usant des pouvoirs à lui conférés par les lettres patentes du 14 janvier précédent, fit connaître, par une proclamation, les intentions paternelles de S. M., et donna, au nom du Roi, des ordres relatifs à tous les fonctionnaires publics de ce département.

Que l'inauguration du pavillon blanc dans le port de Bordeaux, fut l'objet d'une fête particulière, à laquelle assistèrent, S. A. R. le duc d'Angoulême, le lieutenant-général lord d'Alhousie, commandant les troupes alliées, et tous les fonctionnaires publics de cette ville.

Qu'il est constant et notoire que depuis l'entrée de S. A. R. à Bordeaux, ce prince, en vertu des pouvoirs de S. M., y a seul commandé dans tout ce qui concernait le civil; qu'il a réglé, perçu seul les impôts; qu'il a nommé aux places vacantes, notamment à celle du préfet de la Gironde; en un mot, que, depuis lors, Bordeaux n'a reconnu que le gouvernement de Louis XVIII, son légitime Roi.

Que S. M. a accordé à cette ville la plus flatteuse récompense du courage, du dévouement et de la fidélité de ses habitans, soit en confirmant, le 6 septembre 1814, la décoration du *brassard*, conférée par S. A. R. Mgr. le duc d'Angoulême à ceux qui furent en armes au-devant de lui; soit en permettant à la ville de Bordeaux d'ajouter à ses armoiries la devise : 12 *mars* 1814 ; soit en autorisant la construction de la colonne, érigée au lieu même où le corps municipal accueillit, le 12 mars, le représentant de S. M., afin de perpétuer la mémoire de ce glorieux événement ; soit enfin en annonçant sa royale intention de donner le nom de *Duc de Bordeaux* au précieux rejeton que la Providence accorderait à ce royaume pour perpétuer la tige des lis.

Considérant que l'éditeur responsable de la Tribune de la Gironde a inséré, dans le n.° 102 de ce journal, un article par lequel il a pris à tâche de *dénaturer tous les faits* qui viennent d'être rappelés, au point de vouloir (§ 1.er) *présenter* l'événement du 12 mars 1814, comme un *acte humiliant* pour *Bordeaux*, et comme n'ayant eu lieu que pour livrer cette ville aux Anglais.

Que quelque soin qu'ait pris ce rédacteur de déguiser ses calomnies et ses diffamations sous le ton de l'ironie, l'article susdit constitue un outrage envers le corps municipal et la ville entière, dont les intérêts lui sont confiés ; que cet outrage a encore été aggravé par la prétendue rétractation insérée dans le n.° 108 du même journal, publié le 18 de ce mois.

Considérant que le corps municipal doit à sa propre dignité, comme à l'honneur et à la dignité de la ville qu'il représente, de requérir la poursuite et la punition du délit, commis par le rédacteur des deux articles dont il vient d'être parlé ; que, d'après les dispositions de la loi du 15 mai 1819, le cas actuel est au nombre de ceux où la poursuite doit avoir lieu d'office et à la requête du ministère public ; que néanmoins, pour faciliter à la partie publique l'exécution des dispositions prescrites par l'art. 6 de ladite loi, à peine de nullité, il est indispensable d'analyser les articles insérés dans les n.os 102 et 108 de la Tribune de la Gironde, et d'indiquer les diffamations, outrages et calomnies qu'ils renferment.

TEXTE DE L'ARTICLE DE LA TRIBUNE, n.° 102.

§. I.er

Bordeaux, ce 12 mars 1820.

Nous saluons aujourd'hui, pour la cinquième fois, l'anniversaire du 12 mars, de cette journée où déposant toutes nos vieilles inimitiés, et entraînés par l'exemple auguste de nos Magistrats, nous inclinâmes, devant les bannières anglaises, étonnées d'un tel triomphe, ces nobles drapeaux de France, dont l'Europe en armes se disputait encore les lambeaux ensanglantés.

Analyse de ce passage.

Si c'est du drapeau tricolore que le rédacteur a voulu parler, il est constant que, depuis le 11 mars 1814, le drapeau tricolore n'existait plus à Bordeaux sur aucun édifice public ou particulier, pas même au Château-Trompette qui avait été entièrement évacué.

Quant au drapeau blanc, cette antique et glorieuse bannière de la Monarchie française, il est constant qu'il fut arboré à Bordeaux avant même l'entrée du détachement qui précédait S. A. R. Mgr. le duc d'Angoulême, et que depuis lors, il ne cessa pas de flotter sur tous les édifices publics et particuliers de cette ville.

Ainsi, il est calomnieux de dire que les drapeaux de France avaient été inclinés devant les bannières anglaises.

§. II du texte de la Tribune.

En vain quelques factieux, séparant la cause de nos Princes de la cause de l'Angleterre, proposaient de recevoir à bras ouverts le fils de France, vers lequel toutes nos espérances étaient désormais tournées, mais de repousser, vers la frontière, les étrangers, dont le cortége devait attrister son noble cœur : leurs efforts furent impuissans.

Analyse de ce passage.

Ce fait, entièrement contraire à la vérité, n'a été imaginé par le rédacteur de la Tribune, que pour persuader que les Magistrats et la majorité des habitans de Bordeaux, embrassant la cause de l'Angleterre, ont eux-mêmes sollicité les Anglais de venir s'emparer de cette ville, et que la présence d'un fils de France ne fut qu'un piége tendu à la crédulité de ceux qui ne voulaient se soumettre qu'à l'autorité de Louis XVIII. C'est ainsi qu'au mépris des faits les plus certains et de la vérité la mieux connue, le rédacteur de l'article s'est efforcé de flétrir la mémorable journée dont Bordeaux ne cessera jamais de s'honorer.

En faisant précéder l'auguste représentant de S. M. par un détachement que le rédacteur reconnaît lui-même n'avoir été qu'un simple cortége, le chef de l'armée anglaise fit un acte utile aux Bourbons et honorable au pays qui leur avait donné l'hospitalité.

Au reste, personne n'ignore que le faible détachement qui précéda S. A. R., était composé d'un trop petit nombre d'hommes pour qu'il pût rien tenter contre la ville de Bordeaux; aussi ce détachement ne se présenta et ne fut reçu que comme allié, que comme ami, et sa présence ne put attrister que les factieux, ennemis de la légitimité.

§. III. Suite du texte.

Bientôt les phalanges anglaises prenant possession de notre immense cité, au nom de S. M. Georges III, nous reportèrent vers les beaux temps où l'Aquitaine obéissait aux léopards, et où le prince noir dictait des lois à la Guienne du fond de son palais de l'Ombrière.

Analyse de ce passage.

Il est de toute fausseté que les anglais aient jamais pris possession de Bordeaux au nom de S. M. Georges III.

Le corps municipal n'est point allé au-devant du détachement des troupes étrangères pour leur rendre la ville ou pour leur en offrir les clefs. Jamais les Magistrats de Bordeaux, ni ceux de ces courageux habitans qui se dévouèrent à la restauration du trône de St.-Louis, n'eurent la coupable pensée de livrer cette ville aux Anglais. Leur conduite prouva hautement leur fidélité au sang de nos Rois. Le drapeau blanc fut constamment arboré dans Bordeaux, avant, pendant et après l'entrée des troupes étrangères. Le même drapeau fut arboré dans le port de cette ville aussitôt que des navires revinrent y mouiller. Le drapeau britannique n'a jamais flotté, à titre de domination dans cette ville, sur aucun édifice public ou particulier, pas même sur l'hôtel qu'habita le commandant des troupes étrangères; enfin, personne ne peut ignorer que S. A. R. Mgr. le duc d'Angoulême gouverna cette ville, au nom et en vertu des pouvoirs de S. M. Louis XVIII, depuis le 12 mars 1814 jusqu'à l'heureuse arrivée du Roi dans ses Etats.

§. IV du texte de la Tribune.

Quel enthousiasme ! après tant de vœux, nous possédions enfin dans nos murs le héros de la Péninsule. L'illustre Wellington ne dédaignait pas nos hommages ; et comme si la Providence l'eût réservé aux plus singuliers triomphes, c'était sous les yeux de l'élite de notre bouillante jeunesse, qui lui servait de cortége, qu'un de ses lieutenans partait pour aller forcer, dans leur dernier repaire de Blaye, le reste de ces vieilles bandes, qui ne se lassaient pas de donner leur sang à la patrie. — Le mauvais succès de cette entreprise fut le seul nuage qui obscurcit ces beaux jours. Les camps des Anglais retentissaient de nos acclamations ; nos épouses et nos filles leur tressaient des couronnes ; nos artistes burinaient leurs traits ; nos poëtes disaient leurs merveilles. Le nom de Georges III, volant de bouche en bouche, était sur nos théâtres l'objet particulier de notre vénération, et le théme de tous nos chants.

Analyse de ce passage.

Isoler un fait de toutes les circonstances qui l'environnent, en dénaturer les causes et les détails, telle est la marche ordinaire de la calomnie et de la diffamation.

Les habitans de Bordeaux, pleins de respect et d'amour pour l'auguste dynastie des Bourbons, savent aussi respecter les monarques étrangers ; ils savent qu'on doit admirer partout la grandeur et la vertu, comme on doit détester le crime et la tyrannie.

Georges III et les Anglais avaient, pendant nos troubles révolutionnaires, offert aux Princes français un asile et la dlus noble hospitalité ; c'était par eux qu'avait été ouverte la route qui conduisit le digne précurseur de Louis XVIII dans cette ville, et leurs transports de joie se mêlèrent avec les nôtres. Dans ces heureuses circonstances, il était juste et naturel d'oublier de pénibles haines, d'anciennes rivalités, et de parler de reconnaissance à ceux qui venaient de la mériter.

Si la vérité et la bonne foi eussent guidé la plume du rédacteur de la Tribune, c'est ainsi qu'il aurait présenté des faits qui sont inséparables, et alors on n'aurait pu y trouver que des témoignages d'amour pour notre Roi, et des expressions de reconnaissance pour ceux à qui nous devions la présence de son auguste lieutenant.

§. V du texte de la Tribune.

Qu'ils étaient grands dans leur abaissement, ce noble maire, foulant aux pieds les signes de l'honneur qui décoraient sa poitrine au temps de l'usurpateur; cet honorable député, pénitent de 93; ces guerriers improvisés, qui, pour la première fois, depuis 20 ans, dégainaient leur vaillante épée sous le bouclier britannique; et ces flots tumultueux du peuple, qui, par la plus inconcevable des vicissitudes des empires, saluaient comme des libérateurs, ceux dont le glaive allait bientôt décimer nos phalanges sous les murs de Toulouse!

Analyse de ce passage.

Il n'est aucune de ces expressions qui ne porte le cachet de la diffamation et de l'injure.

Le corps municipal ne relèvera pas ce qui est personnel à ce noble maire et à cet honorable député, dont S. M. a si hautement apprécié le dévouement et les services.

Mais il ne peut se taire sur l'injure et la diffamation relatives aux fidelles Bordelais qui furent en armes au-devant de S. A. R. Mgr. le duc d'Angoulême. Non, ils ne s'abaissèrent pas, ceux qui se dévouèrent à relever le trône de Louis XVIII; ils ne s'abaissèrent pas, ceux qui, le 12 mars 1814, exposèrent leur fortune et leur vie en proclamant hautement le Roi que leurs vœux appelaient depuis long-temps, et le rédacteur de la Tribune leur a fait une cruelle injure, en osant dire que ces hommes courageux eurent besoin du bouclier britannique pour faire éclater leur fidélité à la maison de Bourbon.

§. VI du texte de la Tribune.

Hélas ! nous n'eûmes que peu de temps à fêter de pareils hôtes ! Notre auguste Monarque nous rendit à la France en nous donnant la paix. Mais, à défaut de l'histoire, la colonne du 12 mars s'élève pompeuse, pour apprendre à nos derniers neveux la gloire de cette journée et notre durable reconnaissance. — Espérons que la fête dont nous saluons l'aurore sera en tout digne de son objet. Espérons que l'appel fait, par les magistrats de cette ville (arrêté de M. le maire), *à d'énergiques démonstrations, par opposition à l'audace croissante des ennemis du trône, sera entendu, et que, distraits, par cet appel paternel, de la profonde douleur dont ils sont frappés, nos énergiques démonstrateurs se sont préparés à ajouter un nouveau fleuron à leur immortelle couronne.*

Que de calomnies ! que de diffamations dans ces phrases !

Le rédacteur persiste à prétendre que Bordeaux était alors sous la domination anglaise. A cette calomnie, il joint une injure, en cherchant à persuader que les Bordelais regrettèrent de voir cesser le joug étranger. Enfin, il diffame cette ville fidelle, au point de dire que c'est la paix qui rendit Bordeaux à la France.

Etait-elle sous la domination anglaise, la cité où le drapeau français était seul arboré ? où l'auguste représentant de S. M. réglait et percevait seul les impôts, nommait seul à toutes les places, et gouvernait sans obstacle?

Eut-elle besoin que la paix la rendît à la France, cette ville dont S. M. a daigné dire que ses habitans furent les premiers à voler dans les bras de leur père, et que *son heur y a pris commencement ?*

Certes, il est impossible de porter plus loin la diffamation, puisque son venin se répand jusque sur le Monarque lui-même.

Et pourquoi le rédacteur de la Tribune a-t-il entrepris de diffamer la ville de Bordeaux ? Pourquoi s'efforce-t-il de lui arracher la palme du 12 mars, et de flétrir la gloire de cette journée ? Pourquoi prend-il le ton de l'ironie pour parler de la profonde douleur dont les Bordelais ont été frappés en apprenant l'infame attentat commis sur un fils de France ? Pourquoi s'offense-t-il des expressions que ce crime atroce et récent a dictées à M. le maire de Bordeaux, dans son arrêté du 11 de ce mois ?

Ce n'est pas au Corps municipal à rechercher les motifs du rédacteur des deux articles de la Tribune, ni le but qu'il s'est proposé ; le devoir du Corps municipal se borne à déférer ce délit aux magistrats, et à provoquer contre le coupable les peines infligées par la loi.

TEXTE DE LA TRIBUNE DE LA GIRONDE, N.° 108.

De hautes considérations d'ordre public me font une loi d'insérer dans la Tribune la déclaration verbale que j'avais

2

déjà faite à MM. les volontaires royaux, qui se croyaient désignés dans l'article du N.° 108 de ce Journal, article qui ne les concerne sous aucun rapport. Je déclare donc de nouveau que mon intention n'a pas été de les désigner. — J'attends de la loyauté de ceux de ces Messieurs qui ont eu des rapports avec moi depuis quelques jours, qu'ils attesteront ma conduite dans ces circonstances; et qu'en donnant cette explication, étrangère à un autre genre de satisfaction que je n'avais pas refusée, mon seul but est d'éteindre des discussions déplorables qui pourraient s'envenimer encore.

Signé PUJOS.

La longanimité du Corps municipal fit espérer à ses membres que la réflexion porterait le rédacteur de la Tribune à reconnaître ses torts, et à rétracter les diffamations auxquelles il s'était livré dans le N.° 102 de ce journal; cet espoir fut surtout fortifié par l'indignation générale qui se manifesta dans cette ville; mais il ne s'est pas réalisé : la prétendue rétractation insérée dans le N.° 108, n'a même fait qu'aggraver l'outrage déjà commis.

Déclarer que l'article diffamatoire inséré dans le N.° 102 ne concerne, sous aucun rapport, MM. les volontaires royaux, c'est dire hautement qu'il s'applique au Corps municipal et à la masse des habitans de Bordeaux; c'est en outre confirmer, avec toute la maturité de la réflexion, les outrages, les diffamations et les calomnies insérées dans le N.° 102 du même journal.

Par ces motifs, le Corps municipal de Bordeaux, légalement convoqué et réuni en assemblée générale, *requiert* que le rédacteur de l'article inséré dans le N.° 102 de la Tribune de la Gironde, commençant par ces mots : « *Nous saluons*, etc., et finissant par ceux-ci : *A leur immor-*

telle couronne; » et de l'article inséré dans le N.° 108 du même journal, commençant par ces mots : « *De hautes considérations*, etc., et finissant par ceux-ci : *Qui pourraient s'envenimer encore* », soit poursuivi conformément aux lois, en punition des outrages, offenses, calomnies et diffamations contenues dans les deux articles susdits, contre le Corps municipal de Bordeaux et contre la ville de Bordeaux, que le Corps municipal représente. Lesquels outrages, offenses, calomnies et diffamations sont indiqués et spécifiés dans la présente délibération, sauf à la partie publique à les spécifier et qualifier dans son réquisitoire, ainsi qu'elle avisera. A l'effet de quoi, la présente délibération sera remise, par M. le maire, à M. le procureur-général près la Cour royale de Bordeaux.

Fait et délibéré à Bordeaux, en l'hôtel de ville, le 21 mars 1820.

Signés, le vicomte DE GOURGUES, maire, *président; et les membres du Corps municipal présens à la séance.*

Pour expédition :

Le maire, chevalier de l'ordre royal et militaire de St.-Louis,

Signé, le vicomte de GOURGUES.

INTERROGATOIRES

SUBIS

Par M. FÉLIX PUJOS, *auteur de la Tribune de la Gironde, les* 18 *mars et* 17 *avril* 1820;

DEVANT

M. BASTARD, *juge-d'instruction au Tribunal de* 1.re *instance de Bordeaux.*

PREMIER INTERROGATOIRE.

D. EST-CE vous qui avez rédigé l'article inséré dans votre journal, N.° 102, commençant par ces mots: « *Nous saluons*, etc., et finissant par ceux-ci : *Immortelle couronne ?*

R. Oui, Monsieur.

D. En affectant de ne voir dans l'anniversaire du 12 mars, que l'entrée des Anglais dans Bordeaux, et l'humiliation des drapeaux français devant les drapeaux anglais, n'avez-vous pas eu l'intention de jeter de l'odieux sur cette fête, et de faire injure au magistrat qui l'avait ordonnée et qui y présidait ?

R. Je n'ai eu l'intention de faire injure à personne; j'ai seulement établi des faits qui sont de notoriété publique.

D. Le fait, entre autres, de l'occupation de la ville de Bordeaux au nom de Georges III, n'est point de notoriété publique, puisqu'il est inexact.

R. Le fait est exact. J'invoquerai la notoriété publique,

le témoignage de personnes d'une haute recommandation, un traité de paix et d'autres documens que je crois irrécusables.

D. Quand ce fait et les autres seraient exacts, la méchanceté que vous avez mise à les rappeler, dans un jour où l'on ne se souvient que de l'entrée du duc d'Angoulême, pour lequel objet seul la fête du 12 mars est instituée, fait voir manifestement que vous avez eu l'intention de jeter de l'odieux sur cette fête, et d'injurier encore une fois le chef du Corps municipal qui l'a ordonnée.

R. Cette fête n'étant point instituée par une loi, j'ai pu, sans méchanceté et sans intention d'injurier qui que ce soit, manifester mon opinion sur cette fête ; et, en cela, je n'ai dit que ce que dira l'histoire, qui fera la part du Prince chéri que la Providence nous a rendu, et saura dégager sa cause, qui est celle des Français, de la cause de l'Angleterre.

D. Vous voudriez faire dépendre l'injure de la légalité de la fête, et vous dites : la fête n'est pas légale, donc j'ai pu dire ce que j'ai voulu. Que la fête soit autorisée par une loi ou non, il n'en est pas moins vrai que vous avez voulu flétrir l'honneur de cette fête, par tout ce que vous avez dit, et que, en cela, vous avez injurié au moins le chef du Corps municipal.

R. Je me renferme dans ma précédente réponse.

D. Il est si vrai que vous avez injurié M. le Maire, que, dans le dernier paragraphe de votre article, vous avez rappelé les propres termes de son arrêté relatif à la fête, que vous avez fait imprimer d'un caractère différent, en les rapprochant d'autres termes d'un même article, pour en faire un objet de sarcasmes et de mépris.

R. L'appel fait par M. le maire *à d'énergiques démons-*

trations m'a paru renfermer un appel à des passions qu'il faudrait calmer au lieu de les exciter, et c'est par ce motif que je l'ai relevé.

D. Est-ce à vous à parler des passions qu'il faudrait calmer ? Sentez-vous ceci, Monsieur?

R. Oui, Monsieur.

D. Quoique vous en disiez, dans la bouche de M. le maire, dont le caractère est connu, ces mots d'*énergiques démonstrations* n'avaient pas le sens que vous voulez leur donner. Il a parlé de l'énergie de l'amour, et de la vertu.

R. Personne ne rend plus que moi hommage au caractère de M. le Maire; mais j'ai pensé que ces expressions étaient susceptibles d'une fâcheuse interprétation, et ce que j'ai éprouvé depuis dimanche m'assure que je ne m'étais pas trompé.

D. Comment voulez-vous que l'on doute que, par ces expressions relevées, vous avez voulu injurier, dénigrer M. le maire, puisque le même article contient une affreuse injure contre MM. Lynch et Lainé. Quant à ce que vous avez éprouvé depuis dimanche, vous ne le devez point à l'arrêté de M. le maire, mais bien aux insultes que vous avez adressées, dans ce même article, à la jeunesse de Bordeaux; cela est évident.

R. Je nie avoir dit autre chose que la vérité sur le compte de MM. Lynch et Lainé.

Je nie avoir voulu outrager la jeunesse bordelaise, qui n'est nullement solidaire des actes de quelques-uns d'entre elle; et je prétends qu'usant d'un droit qui m'est accordé par la loi, c'est devant les tribunaux seuls qu'il était légal d'attaquer des articles de politique.

Bordeaux, le 18 mars 1820.

(*Et avons signé après lecture faite.*)

DEUXIÈME INTERROGATOIRE.

D. ÊTES-VOUS aussi l'auteur d'un autre article inséré dans le même journal N.° 108, commençant par ces mots : *De hautes considérations, etc.*, et finissant par ceux-ci : *Qui pourraient s'envenimer encore ?*

R. Oui, Monsieur.

D. Consentez-vous à contre-signer ces deux articles avec nous, pour *ne varietur ?*

R. Oui, Monsieur.

(A l'instant l'interrogé a contre-signé, etc.)

D. De quel drapeau avez-vous entendu parler dans le 1.er paragraphe de votre article de la feuille du N.° 102? Est-ce du drapeau blanc ou du drapeau tricolore ?

R. J'ai entendu parler du drapeau qui était encore celui de la nation, gouvernée en ce moment par l'empereur Napoléon.

D. C'est donc du drapeau tricolore que vous avez voulu parler ?

R. Oui, Monsieur.

D. Ce drapeau ne flottait pas à Bordeaux le 12 mars ; c'était le drapeau blanc qui y était arboré *depuis la veille ;* or, ce drapeau ne fut point incliné, comme vous le dites, devant les bannières anglaises, puisqu'il y resta sur tous les édifices publics et les maisons particulières pendant tout le temps du séjour des Anglais à Bordeaux.

R. Postérieurement à l'entrée des Anglais à Bordeaux,

le drapeau tricolore était encore le drapeau national, puisque l'ennemi traitait avec Napoléon à Chatillon. Le drapeau tricolore était donc encore, le 12 mars, la bannière nationale; et j'ai pu dire, non du drapeau blanc, mais du drapeau tricolore, qu'on l'avait incliné devant les bannières anglaises.

D. Il ne s'agit point de ce qui s'est passé à Chatillon, mais bien de ce que vous imputez à la ville de Bordeaux. Vous lui reprochez d'avoir incliné les drapeaux français devant ceux d'Angleterre; or, ce fait est faux, et par conséquent calomnieux et diffamatoire. Puisque le drapeau tricolore ne flottait plus à Bordeaux le 12 mars, *avant l'entrée des Anglais*, la ville de Bordeaux n'a pu l'incliner devant les bannières anglaises; et d'un autre côté, le drapeau blanc qui y avait été arboré, ne cessa pas de l'être, et ne fut pas abaissé ou incliné devant le drapeau anglais.

R. Le fait de l'occupation de Bordeaux par les Anglais, au nom du roi d'Angleterre, répond, du reste, à mon assertion, qu'on s'efforcerait en vain de dénaturer en la confondant avec l'exaltation du drapeau blanc, qui, jusqu'au moment de l'abdication de Napoléon, n'a pas dû être considéré comme drapeau national.

D. Par le paragraphe 2 du même article, n'avez-vous pas eu l'intention de faire croire que les habitans de Bordeaux livraient la ville aux Anglais, et que l'entrée du duc d'Angoulême n'était qu'un prétexte dans cet objet ?

R. Je n'ai point prétendu dire que les habitans de Bordeaux avaient livré la ville aux Anglais, puisque je dis précisément le contraire. Je n'incrimine personne, je relate simplement un fait historique, et je dis que les Anglais prirent possession de la ville au nom de Georges III.

D. Pourquoi donc, dans ce paragraphe, dites-vous qu'il aurait fallu repousser les étrangers vers la frontière, lorsque vous convenez vous-même qu'ils ne formaient qu'un simple cortége du duc d'Angoulême, et qu'au surplus il était notoire qu'ils ne faisaient que l'accompagner dans son entrée à Bordeaux ?

R. Je ne conviens point que j'aie dit que le duc d'Angoulême était accompagné d'un simple cortége; j'ai dit que le cortége des Anglais devait affliger son noble cœur; et un sentiment d'amour national, et j'ose dire de fidélité patriotique, m'a porté à me ranger aux nobles sentimens de ceux qui voulaient recevoir notre auguste Prince à bras ouverts et les Anglais à coups de fusil.

D. Mais vous devez convenir que les Anglais n'étaient pas assez en nombre pour intimider la ville de Bordeaux; dès-lors, s'ils sont venus, cela ne peut être que sous les auspices de l'amitié, parce qu'ils accompagnaient, en alliés, le Prince qu'appelaient nos vœux ?

R. Le nombre ne fait rien à l'affaire et ne détruit pas la convenance de mon assertion précédente, qui est qu'il fallait recevoir le Prince, appelé par nos vœux, à bras ouverts, et les Anglais à coups de fusil.

D. Dans ce même paragraphe, vous dites que les troupes anglaises prirent possession de notre cité, au nom de Georges III. Ce fait est faux et diffamatoire pour la ville de Bordeaux, qui, selon vous, aurait facilité aux Anglais un tel acte.

R. La ville de Bordeaux n'a rien de commun avec les actes de quelques-uns de ses magistrats. Je n'ai point avancé un fait faux : les Anglais ont pris possession de la ville de Bordeaux au nom de Georges III, et je le prouverai au procès.

D. Je vous observe que Mgr. le duc d'Angoulême, muni

de pleins pouvoirs du Roi de France, Louis XVIII, entra à Bordeaux en qualité de souverain; qu'en conséquence, la justice fut rendue et les impôts perçus au nom du Roi, et que le drapeau blanc, le drapeau de France, ne cessa pas un instant d'être arboré pendant le séjour des Anglais. Ces faits et bien d'autres montrent incontestablement que les Anglais ne prirent point possession de la ville au nom de Georges III ?

R. Deux cents mille francs, payés aux Anglais en indemnité d'objets qu'ils n'avaient point enlevés à Bordeaux, et dont ils étaient maîtres par le droit de la guerre, et leur demande subséquente de huit millions de plus, démontrent plus incontestablement encore que Bordeaux fut une de leurs conquêtes.

D. Dans le paragraphe 4 du même article, vous dites que le nom de Georges III, volant de bouche en bouche, était sur nos théâtres l'objet particulier de notre vénération, et le thème de tous nos chants. Par ces mots, où vous rapportez l'allégresse publique au roi d'Angleterre, tandis qu'elle n'avait pour objet que l'entrée du duc d'Angoulême et le rétablissement de nos Rois sur le trône de leurs aïeux, n'avez-vous pas eu l'intention de diffamer la population de Bordeaux, en répandant de l'odieux sur sa conduite dans la journée mémorable du 12 mars?

R. Je n'ai pas eu l'intention de diffamer qui que ce soit; j'ai seulement rapporté des faits de notoriété publique, à moins qu'on ne veuille persuader que le *God save the King* est un chant national, et que la pièce dont nous avons donné l'analyse dans notre feuilleton du 12 mars, est elle-même une pièce patriotique.

D. Les chants anglais et la pièce dont vous parlez furent l'expression de la reconnaissance pour un Roi qui facilitait l'accomplissement de nos vœux, et ce sentiment ne peut être que louable. Vous avez affecté de ne parler que d'un prétendu enthousiasme pour Georges III, en vous taisant sur le véritable objet de l'exaltation publique: voilà ce qui prouve votre intention de déverser de l'odieux sur la ville de Bordeaux.

R. Je n'ai point calomnié la ville de Bordeaux, et je n'ai pu parler que de ceux qui allèrent, en son nom, recevoir les Anglais. Leurs motifs pouvaient être louables; l'histoire les jugera.

D. Vous ne faites pas attention que le 12 mars, le mouvement à Bordeaux fut spontané et presque unanime pour recevoir le Prince à bras ouverts, et que les magistrats, dans ce qu'ils firent, n'eurent qu'à interpréter les sentimens et les vœux de toute la cité?

R. Je n'ai rien dit de contraire à cette assertion.

D. Je vous demande pardon. Vous prétendez qu'il n'y eut que les magistrats d'alors qui facilitèrent l'entrée du duc d'Angoulême et des Anglais, puisque c'est sur eux que vous faites tomber vos reproches?

R. Je répète que je ne reproche rien à qui que ce soit: j'ai seulement rapporté des faits.

D. Dans le paragraphe 5, par ces mots: « *Ces guerriers « improvisés, qui, pour la première fois, depuis* 20 *ans, « dégainaient leur vaillante épée, sous le bouclier britan- « nique* », n'avez-vous pas eu l'intention de livrer au ridicule, et d'injurier les habitans de Bordeaux, qui, ce jour-là, se dévouèrent pour la cause des Bourbons?

R. J'expliquerai au procès, et en audience publique, s'il y a lieu, quelles sont les personnes que j'ai prétendu désigner.

D. Pourquoi n'indiqueriez-vous pas, dans ce moment,

ceux dont vous avez voulu parler dans ce paragraphe ?

R. Parce que cette indication est une des preuves justificatives qu'il est important que je me réserve de faire valoir au procès.

D. Il est important pour vous que vous vous justifiiez devant le juge-d'instruction, et vous n'avez même été appelé que pour cela, s'il vous est possible de le faire ?

R. Je suis trop convaincu de l'impartialité et de l'absence de toute petite passion dans la personne de M. le juge-d'instruction, pour ne pas être convaincu aussi que je me suis déjà justifié à ses yeux de toutes les interprétations forcées qu'on a cru devoir donner à un article de journal, article très-insignifiant en lui-même, et qui n'a mérité, pour me servir de l'expression d'un poëte,

« Ni cet excès d'honneur,
« Ni cette indignité. »

D. Votre silence actuel, et même votre justification imprimée, font assez voir que vous avez entendu parler, dans ce paragraphe, de tous les amis du trône ?

R. Je nie absolument l'intention que M. le juge-d'instruction croit devoir me prêter ici. Ami du trône, et dévoué, autant que qui que ce soit, à notre Monarque constitutionnel, j'ai pour amis tous les amis de ce trône, et ne considère pour ennemis, que les ennemis de ce trône et des institutions constitutionnelles qui en sont le seul appui.

D. Par le paragraphe 6, vous prêtez malicieusement des regrets aux habitans de Bordeaux pour le départ des Anglais ?

R. Je nie que cela soit.

D. Cependant on lit dans ce paragraphe, d'abord « *Hélas!* « *nous n'eûmes que peu de temps à fêter de pareils hôtes.* » C'est bien dire qu'ils furent enlevés à notre affection ?

R. Ayant reçu les Anglais comme des alliés, soi-disant, il m'était permis de supposer que ceux qui les avaient ainsi reçus leur donnaient des regrets à leur départ.

D. La tournure de votre phrase et le mot *nous* dont vous vous êtes servi, fait voir que vous avez entendu parler de toute la cité ?

R. La forme que j'avais prise dans mon discours, m'obligeant à paraître faire corps avec ceux qui avaient reçu les Anglais, j'ai dû dire *nous*, sans que, par cette expression, on puisse en inférer que j'aie prétendu parler de la généralité des habitans.

D. Dans ce même paragraphe, vous supposez que la ville de Bordeaux s'est séparée de la France pour se donner aux Anglais, ce qui est évidemment diffamer Bordeaux ?

R. L'occupation de Bordeaux au nom de Georges III, séparait, par ce fait, Bordeaux de la France, jusqu'au moment où le traité de paix de Paris remit toutes choses dans leur état naturel.

D. Dans cette supposition de l'occupation de Bordeaux par les Anglais, et de la séparation, par-là, de cette ville du reste de la France, prêter des regrets aux Bordelais, au sujet du départ des Anglais, c'est bien dire que les Bordelais s'étaient, par intention, séparés du reste de la France; et, sous ce rapport, c'est évidemment attaquer leur patriotisme et leur fidélité pour leur Roi ?

R. Cette supposition est trop forcée pour que j'y réponde autrement que par le silence.

D. Par votre article inséré dans la feuille du N.° 108, vous avez dit positivement que vous n'avez point entendu désigner les volontaires royaux dans l'article du N.° 102? Si ce n'est pas des volontaires royaux dont vous avez entendu parler, il est impossible de mettre en doute que vous avez voulu désigner tous les autres royalistes de Bordeaux, et tous ceux qui se signalèrent dans cette journée en faveur du trône des Bourbons?

R. Je réponds par le contenu même du 5.me paragraphe de l'article inséré dans le N.° 102, dans lequel il est question « de guerriers improvisés qui, pour la première fois *de-* « *puis* 20 *ans*, dégainaient leur, etc., » et non du tout des habitans, qui accueillirent, comme ils le devaient, le duc d'Angoulême, en 1814.

Lecture faite, etc.

Bordeaux, 17 avril 1820.

Par suite de la procédure dont on vient de lire quelques pièces, il est intervenu, en la Cour royale de Bordeaux, sous la date du 4 mai 1820, un arrêt qui renvoye M. Pujos devant la Cour d'assises de la Gironde, pour y être jugé sur le délit de diffamation envers M. le maire de Bordeaux et envers *les magistrats et habitans de Bordeaux qui, dans la journée du 12 mars, signalèrent leur dévouement au trône légitime.*

Ce sont les expressions de l'arrêt de la chambre d'accusation, lequel porte la signature de

MM. Duffort, président; Deslix, Trigant-Brau, Trinqualye et Mazet, conseillers.

Le même arrêt joignit la cause de M. Pujos à celle de M. Fonfrède, qui avait publié, dans le N.° 91 de la Tribune, un article intitulé *Adresse des Carlins, Roquets, Chiens couchans, et autres animaux jappans, domiciliés dans la ville de Bordeaux et la banlieue, présentée au pernicieux Munito, par une députation solennelle des magistrats municipaux desdites races canines.*

On avait cru voir dans ce titre une injure pour le Conseil municipal de Bordeaux, qui venait de présenter une adresse pour réclamer des mesures vigoureuses contre les doctrines libérales.

Le Jury, néanmoins, acquitta M. Henri Fonfrède de l'accusation.

M. Pujos, qui ne s'était pas présenté, fut condamné par la Cour d'assises, sur le réquisitoire de M. l'avocat-général de Martignac, à un an d'emprisonnement et 2,000 fr. d'amende.

M. Pujos ayant fait opposition à cet arrêt, l'affaire a été appelée contradictoirement à l'audience de la Cour d'assises du 15 septembre 1820.

M. Pujos est présent à l'audience, assisté de son défenseur M. Mérilhou, avocat à la Cour royale de Paris.

La Cour d'assises est composée de MM. de Bacalan, président ; de Bouquier père, de Lamourous, Couchonneau-Barrière, et Galaup, conseillers, et M. de Montaubricq, avocat-général.

Les jurés sont MM :

Ménoire (Alexis-Guillaume), président.

Abiet (Arnaud), propriétaire à Blanquefort.

Guibert (André-Julien), constructeur.

Sauvage (Jean-Baptiste), négociant.

Plantevigne (Etienne), négociant.

Dupérier de Larsan, prop.re à St.-Germain.

De Pineau (François), propriétaire à Embarès.

Sauvestre (Pierre), recev.r de l'enreg.t à Blaye.

Dubignon (Pierre-Urbin), prop.re à Macan.

Mirande de Lavergne, prop.re à Preignac.

M. de Montaubricq, avocat-général, prend la parole pour exposer l'accusation.

On doit regretter que la modestie de ce magistrat ne lui ait pas permis de se rendre aux désirs qu'on lui a exprimés, et qu'il ait cru devoir refuser le manuscrit des réquisitoires qu'il a prononcés dans ce procès. Ces discours, où l'accusation a été soutenue avec fermeté, portent néanmoins l'empreinte d'une modération d'autant plus honorable, que cette cause avait soulevé des passions de la plus grande violence.

On est donc forcé de se borner à indiquer, d'après les notes de l'audience, les principaux points qui ont fixé l'attention du ministère public.

M. l'avocat-général commence par exposer que, dans le N.° 102, on a accusé hautement le maire de Bordeaux, M. le vicomte de Gourgues, d'avoir provoqué ses concitoyens à la discorde, dans la proclamation émanée de lui, à l'occasion de la commémoration du 12 mars. On a imputé aux autorités de Bordeaux et aux habitans de cette cité, d'avoir reconnu l'autorité de Georges III et livré la ville à ses généraux, tandis qu'ils prétendent n'avoir ouvert leurs portes qu'à S. A. R. Mgr. le duc d'Angoulême, et n'avoir jamais reconnu d'autre souverain que S. M. Louis XVIII.

Si les faits imputés sont vrais, ceux qui les ont commis méritent le mépris de leur pays; mais si ces imputations sont fausses, leur auteur doit être puni avec sévérité, et une réparation éclatante est due à ceux dont l'honneur a été indignement compromis.

Lorsque la publication des journaux eut été affranchie du frein de la censure, une nouvelle feuille parut dans nos murs sous le titre de la *Tribune de la Gironde*. A sa naissance, ses rédacteurs promettaient de l'impartialité; mais bientôt on les vit propager avec ardeur ces doctrines nouvelles qui tendent à affaiblir les pouvoirs nécessaires à la société; on les vit s'appliquer avec persévérance à déverser le mépris sur les temps passés, sur la sagesse et la gloire de nos aïeux.

Lorsque l'attentat du 13 février vint nous montrer la sanglante application des doctrines des novateurs, le Conseil municipal de Bordeaux crut devoir, en exprimant la douleur profonde dont il était pénétré, solliciter de la sagesse royale des mesures répressives des abus de la presse.

Aussitôt parut, dans le N.° 91 de la Tribune, un article intitulé *Adresse des carlins, etc.*, dans lequel les voeux du Conseil municipal étaient livrés à la dérision et au mépris, comme une déclaration de guerre contre les lumières du siècle.

Bientôt le retour du 12 mars ramena l'anniversaire de ce jour si cher à la cité fidelle; l'inauguration du monument destiné à en perpétuer le souvenir, fut l'occasion d'un arrêté de M. le Maire, qui, après un préambule empreint de la douleur qui couvrait alors la France, prescrit des mesures de police pour cette journée.

Cet acte de l'autorité municipale excita le courroux de l'auteur de la Tribune, qui, dans le N.° 102, dépeignit l'événement dont on célébrait l'anniversaire, sous les traits les plus outrageans pour la ville de Bordeaux.

Le dévouement des Français fidelles qui, dans ces jours de gloire, ouvrirent les portes de la patrie au fils de Henri IV, y est l'objet des sarcasmes les plus amers, et leur courage même est révoqué en doute.

Cet écrit excita les réclamations les plus vives; des passions ardentes sollicitèrent une réparation que le ministère public réprouve; des duels nombreux eurent lieu; des explications furent données par l'auteur de l'article qui causait tant de scandale; et l'article inséré dans le N.° 108, en détournant de MM. les volontaires royaux l'outrage dont ils se plaignaient, ne laissa plus de doute que l'intention de l'auteur n'eût été de flétrir uniquement l'autorité municipale et la population toute entière, qui, en 1814, fit éclater tant d'amour pour la race de nos Rois.

De là vint la nécessité où s'est trouvé le Corps municipal de poursuivre la réparation de l'injure dirigée contre ses administrés et contre lui-même. M. le maire, qui avait été personnellement l'objet de sarcasmes si virulens, ne pouvait non plus garder un silence approbateur.

Voilà la double plainte sur laquelle le jury aura à prononcer.

Si, d'un côté, le prévenu se présente avec une vie jusqu'ici sans reproches, et environné de l'estime de ceux qui l'ont connu, d'un autre côté on n'oubliera pas que l'autorité municipale a besoin du respect et de la confiance publique pour remplir sa destination paternelle. Les hautes qualités, le rang considérable des personnes qui composent le Conseil municipal, sont une garantie que la plainte n'a été portée qu'après un examen approfondi, et pour obéir à un devoir impérieux.

M. Mérilhou, défenseur de M. Pujos, obtient la parole et s'exprime ainsi :

MESSIEURS LES MAGISTRATS,

L'examen de la régularité des formes n'est pas propre à fixer l'attention de ceux qui ne cherchent, dans cette enceinte, que des effets dramatiques et des discussions passionnées; mais les dépositaires des lois savent que leur premier devoir est d'en assurer l'exécution; ils savent que les dispositions qui déterminent les formes des jugemens publics, ne sont pas moins sacrées que les dispositions pénales; car, selon l'avis de votre immortel Montesquieu, chaque formalité, dans une législation bien faite, est une garantie donnée à la vie, à l'honneur et à la liberté des citoyens.

Ainsi, l'accusé qui vient réclamer devant vous l'effet de quelques-unes de ces garanties, a droit à la faveur due à celui qui réclame la protection des lois de son pays.

Ici M. Pujos vient opposer à la procédure qui vous a saisis, deux nullités dans lesquelles il place une grande confiance, et dont l'effet serait de vous mettre dans l'impossibilité de passer outre aux débats de ce procès.

D'abord, vous remarquerez que nous sommes ici sous l'empire d'une législation spéciale qui a des règles de procédure qui lui sont propres, et auxquelles les lois ordinaires et, par conséquent, tous les souvenirs de jurisprudence qui s'y rattachent, doivent rester sans application.

Ainsi, l'action publique qui, dans les matières ordinaires, est exercée sans réserve par le ministère public, s'exerce d'après d'autres règles, s'il s'agit de diffamations dirigées contre des corps constitués ou contre des agens de l'autorité. Alors le ministère public ne peut plus agir d'office; il est frappé d'impuissance, et son bras est lié tant qu'il n'y aura pas une délibération du corps diffamé, qui requerra les poursuites.

C'est le texte des articles 1, 4 et 5 de la loi du 26 mai 1819.

Tant qu'il n'y a pas eu plainte, ou, ce qui revient au même, une délibération requérant les poursuites, toute réquisition du ministère public est nulle et inefficace, et les tribunaux ne sont pas régulièrement saisis.

Qu'une délibération soit nulle, c'est comme si elle n'existait pas; car la loi ne peut reconnaître l'existence d'un acte fait en violation de sa volonté.

Si la délibération du Conseil municipal de Bordeaux, qui a servi de base à l'action du ministère public est nulle, il sera donc vrai de dire qu'il n'y a, dans la cause, ni réquisitoire, ni action publique, ni accusation. La procédure est frappée de mort dans sa racine, et la Cour ni le Jury ne pourront juger une plainte sans plaignant, ni une accusation sans accusateur.

La nullité de la prétendue délibération du Conseil municipal, du 21 mars 1820, résulte d'abord de l'infraction des lois constitutives de cette autorité; c'est-à-dire, de l'introduction, parmi les membres délibérans, de six personnes auxquelles la loi refusait, tout à la fois, le droit de prendre part à la délibération, et le droit d'y assister.

L'acte constitutionnel de l'an 8, l'arrêté des consuls du 25 vendémiaire an 9, ne reconnaissent comme valables les délibérations des Conseils municipaux, que si elles sont prises par les deux tiers des membres qui composent le corps.

D'un autre côté, l'arrêté des consuls du 2 pluviôse an 9, et le décret du 4 juin 1806, déclarent formellement que les adjoints au maire ne peuvent entrer au Conseil municipal que pour le présider en l'absence du maire.

De là deux conséquences:

1.° Les maires et les adjoints ne peuvent jamais siéger ensemble au Conseil municipal. Les adjoints n'étant que les remplaçans du maire, le remplaçant et le remplacé ne peuvent exercer simultanément la même fonction.

2.° L'absence du maire donnant lieu à son remplacement momentané, et un seul adjoint étant suffisant pour cela, il ne peut jamais y avoir, au Conseil municipal, qu'un seul adjoint, c'est-à-dire, celui qui doit présider à la place du maire.

Ainsi, la présence des adjoints, quand le maire est présent, est la présence de personnes incapables de voter, puisque leur capacité n'est que conditionnelle, et que l'absence de la condition les laisse, à cet égard, dans la classe des citoyens privés.

Voilà les principes; voici leur application :

La délibération du 21 mars 1820 est prise par vingt-huit individus; elle est qualifiée délibération du Corps municipal, et portée sur les registres des délibérations ordinaires du Conseil municipal.

A cette séance ont délibéré vingt-un membres du Conseil municipal, au lieu de trente qui le composent; plus, M. le maire de Bordeaux; plus, six adjoints, personnages incapables de délibérer.

Première nullité. — Présence simultanée des adjoints et du maire.

Seconde nullité. — Présence des cinq adjoints, lorsqu'un seul eût suffi pour présider, si le maire eût été absent.

La délibération a donc le même caractère que si l'on eût pris au hasard six particuliers de Bordeaux, dont les opinions eussent été sûres d'avance pour former cette majorité dont la construction a été si laborieuse.

Ici il faut rendre justice à l'habileté de ceux qui sollicitaient la mesure. L'admission des adjoints n'a point été une irrégularité fortuite : la résolution n'a été adoptée qu'après de longs débats. Plusieurs fois on avait désespéré d'obtenir ce résultat, si convoité par de petites ambitions; enfin, les bienheureux adjoints ont formé la majorité nécessaire pour élever, par un arrêt, le monument triomphal des hommes du 12 mars.

M. l'avocat-général nous faisait tout-à-l'heure un brillant éloge des membres du Conseil municipal. Il vous faisait remarquer que l'on comptait parmi eux des noms dont s'honore le commerce de cette cité; il vous citait avec raison les noms de MM. Balguerie-Junior, Balguerie-Sarget, Cabarrus, Coureau et plusieurs autres. Je souscris à l'opinion du ministère public sur ces honorables citoyens; mais j'ajouterai ce que le ministère public me paraît ignorer : c'est que ces négocians considérables, et plusieurs autres encore, formaient la minorité de l'assemblée illégale qui s'est tenue à l'hôtel de ville. Ils ont résisté à la délibération; et leurs efforts auraient certainement empêché la procédure actuelle, si la réunion n'avait compté dans son sein que les membres que la loi y appelait.

Voilà des faits que je suis autorisé à déclarer, et qui expliquent, tout à la fois, l'intérêt de l'introduction illégitime des membres intrus, et l'intérêt de la nullité que nous invoquons en ce moment.

La prétendue délibération doit donc être réprouvée par la loi : elle a été prise par des personnes sans pouvoir ; elle en contient la preuve matérielle. Il n'y a donc ni délibération, ni plainte, ni réquisitoire valable, ni poursuite régulièrement introduite. L'action publique, dans ces sortes de cas, n'étant pas librement exercée par M. l'avocat-général, il doit attendre, pour la diriger contre nous, qu'il ait été requis par un vœu du Conseil municipal, émis par le Conseil lui-même, sans mélange de personnes étrangères à sa composition légitime.

D'un autre côté, l'article 6 de la loi du 26 mai 1819 exige que la plainte articule et qualifie, *à peine de nullité*, les offenses, outrages, faits diffamatoires ou injures, à raison desquelles la poursuite est intentée.

La délibération du 26 mars 1820 n'articule et ne précise aucun fait, et se renferme dans des assertions vagues, générales, abstraites et complèxes, qui ne présentent aucune application directe, par désignation de personnes, de lieux ou de jours.

La délibération se compose de trois parties. D'abord, le rédacteur expose, en forme d'*attendu*, les faits qui, selon lui, composent l'ensemble des événemens du 12 mars; narration dont M. Pujos ne conteste pas la vérité, mais qu'il prouvera être tout-à-fait incomplète. Ensuite, le texte accuse M. Pujos *d'avoir dénaturé tous les faits relatifs au 12 mars, et de présenter cet événement comme un acte humiliant pour Bordeaux, et comme n'ayant eu lieu que pour livrer cette ville aux Anglais.*

Voilà ce qu'il y a de plus précis dans toute la délibération; le reste se compose d'un long commentaire de l'article de la Tribune, commentaire où l'on ne voit qu'une seule chose: c'est que le commentateur et l'auteur commenté n'accordent pas leur estime aux mêmes faits et aux mêmes hommes; mais l'estime accordée ou refusée n'est pas un *fait articulé et qualifié* dans le sens de la loi.

L'esprit de nos lois nouvelles pour l'imputation de faits relatifs à l'ordre public, c'est d'arriver à la preuve contradictoire de ces faits devant la Cour d'assises.

Toutes les formalités, depuis la plainte jusqu'à l'ouverture des débats, sont déterminées dans cette vue. On a voulu que la plainte, affranchie de toute formalité de rédaction dans les matières ordinaires, ici, précisât, articulât et qualifiât les faits imputés, dont la preuve devra être faite plus tard par le prévenu. Il faut, en effet, que celui-ci puisse à son tour les préciser et les articuler dans sa notification; et qu'ainsi, le cercle où les débats seront renfermés, se trouve d'avance irrévocablement fixé : de même que dans les affaires civiles, l'article 252 du Code de procédure, veut que les faits soumis à une enquête soient articulés d'avance par des conclusions.

Il faut que le fait imputé soit *articulé*, c'est-à-dire, qu'on n'ait pas besoin d'une argumentation plus ou moins laborieuse pour le déduire de l'écrit examiné; il faut que ce soit *un fait*, c'est-à-dire, une action susceptible de preuve, et non pas une *opinion* purement spéculative, énoncée par l'écrivain sur le compte du plaignant. Il faut que le fait soit *qualifié*, c'est-à-dire, qu'il soit indiqué comme se rattachant à un texte légal. L'article 13 de la loi du 17 mai 1819, exige que le fait dénoncé ait porté atteinte à la considération d'une *personne* ou d'un *corps* déterminé, à qui ce fait soit nominativement imputé. L'essentiel, dans une articulation de faits, c'est un nom propre. Il faut que le plaignant et l'accusé puissent se connaître et s'aborder corps à corps, et qu'on sache avec certitude à qui l'on a respectivement affaire.

La loi romaine, vers laquelle nous sommes enfin revenus, détermine quelle est l'articulation de faits qui doit se trouver dans une plainte en diffamation. *Prætor edixit, qui agit injuriarum, certum dicat quid injuriæ factum sit: quià qui famosam actionem intendit non debet vagari, cum discrimine alienæ existimationis, sed designare, et certum specialiter dicere, quam se injuriam passum contendit. L. 7. ff. de injur. et famos. libell. neque sub alternatione, puta illud aut illud. d. l. 7. §. 4.*

Retenez bien ces paroles de la loi romaine: il ne doit pas y avoir de divagation, ni d'alternative. Ainsi, on ne peut, comme l'a fait le rédacteur du Conseil municipal, supposer qu'on a voulu diffamer, soit l'universalité des habitans, soit les autorités constituées: il faut dire *qui* l'on a voulu diffamer? Est-ce un individu? est-ce quelques individus? Il faut les nommer. Est-ce tous les individus? Mais il y a sûrement quelque exagération; car les magistrats de la Cour impériale, par exemple, qui alors siégeaient à Périgueux, ne sont pas compris dans la diffamation. Il faut donc indiquer et nommer quelqu'un, et l'écrivain municipal n'a nommé personne.

Est-ce le Conseil municipal qu'on a voulu diffamer ?

Est-ce l'ancien, celui du 12 mars 1814 ?

Est-ce le nouveau, celui de 1820 ?

C'est ce qu'il fallait dire.

Et puis, quel est l'individu, quel est le corps à qui un fait quelconque est imputé, par cela seul que M. Pujos voit un événement *humiliant* pour Bordeaux dans une action dont quelques individus s'enorgueillissent ?

En quoi les faits sont-ils dénaturés ?

Qui est-ce qui est lésé par la version nouvelle ?

Quelle loi donne aux municipaux le droit de conserver intacte, par voie de justice, la narration où leur orgueil se complaît ?

Si les faits avaient été articulés et précisés, on aurait lu dans la délibération : tel fait est imputé à nous membres du Conseil municipal ; et alors le prévenu aurait d'abord cherché si l'imputation est écrite dans son ouvrage, et en cas d'affirmative, il aurait signifié qu'il voulait constater tel fait par les preuves de la loi. Mais, en alléguant des imputations vagues, on a mis l'accusé dans l'impossibilité de rien articuler, et par conséquent de rien prouver ; ne sachant pas ce qu'on lui reprochait, il n'a pas su de quoi il avait à se défendre.

Si la plainte du Conseil municipal n'articule et ne qualifie pas les faits de diffamation, il y a donc nullité, aux termes de l'article 6 de la loi que nous avons citée.

Ou cette nullité est dérisoire et inutile, ou bien elle doit entraîner l'anéantissement de la procédure qui en a été la conséquence. Le ministère public étant dans l'incapacité de passer outre à la poursuite de la cause, il ne peut être passé outre au jugement du fonds.

Quant à la plainte personnelle de M. le maire de Bordeaux, un mot suffira : il n'existe de lui qu'une lettre adressée à M. le procureur-général ; or, ce n'est point à ce magistrat, c'est à M. le procureur du Roi que la plainte aurait dû être faite, aux termes de l'article 63 du Code d'instruction criminelle.

Avant de terminer cette discussion, je dois répondre d'avance à une objection à laquelle je dois m'attendre de la part du ministère public, d'après le succès qu'elle a eu dans le premier procès de la Tribune.

On me dira : Vous n'êtes plus à temps de proposer ces nullités, et la Cour n'a pas qualité pour vous entendre. La Cour d'assises est saisie par un arrêt de la chambre d'accusation ; elle ne peut s'empêcher de passer outre aux débats du fonds.

Je sais, Messieurs, qu'une semblable nullité a été déjà proposée dans cette enceinte, et écartée par un arrêt, il y a quelques mois ; mais quelque respectable que soit une décision émanée d'une Cour souveraine, je sais aussi qu'un arrêt isolé ne forme pas une jurisprudence, pas plus qu'une action ne constitue une habitude. Je dois, sans désespérer des droits de la justice, vous présenter les moyens que je crois fondés sur les lois.

Ma proposition est celle-ci : Dans les procès relatifs à la presse, les Cours d'assises ont le droit et le devoir de statuer sur les nullités commises dans la procédure antérieure aux débats.

Sans rechercher si, dans les procédures ordinaires, la Cour d'assises n'a pas le droit, en certain cas, de surseoir aux débats ou même de refuser nettement de les ouvrir, il me suffit de vous rappeler que nous sommes ici sous l'empire d'une loi tout-à-fait spéciale.

Les nullités que la loi établit doivent profiter à quelqu'un, et être accueillies à des époques certaines, et devant certains juges ; car si personne ne pouvait les relever, si aucun juge ne pouvait y faire droit, si en aucun temps elles ne pouvaient être utilement opposées, la loi qui les prononce serait tout-à-fait illusoire.

Les lois de la presse ont établi, dans la procédure écrite, des nullités que les lois ordinaires ne connaissent pas, notamment pour les plaintes.

Si une plainte est *nulle*, quand pourra-t-elle être jugée telle ? quand l'accusé pourra-t-il s'en plaindre ?

Ce n'est pas devant la chambre du conseil de 1.re instance ; puisque à cette époque le prévenu ne connaissait pas encore la procédure, il ne peut donc en relever les nullités.

Ce ne peut pas être devant la chambre d'accusation de la Cour royale : le même obstacle subsiste encore. La Cour royale de Paris a jugé, en 1817, dans le procès du Censeur, que la communication des pièces n'est pas due aux prévenus, devant la chambre d'accusation.

Ce ne peut pas être après la signification de l'arrêt de renvoi, car la plainte ne lui est pas notifiée aux termes de l'art 242 ; et la nullité de l'arrêt de renvoi, ne pouvant être demandée que dans les trois cas déterminés par l'article 299, la nullité de la plainte, qui est encore inconnue, ne peut pas être opposée, et ne serait pas recevable.

La nullité ne peut donc être invoquée que lorsque l'accusé reçoit la communication des pièces, et communique avec son défenseur, suivant l'article 302. Or, à cette époque, il est déjà sous la juridiction de la Cour d'assises; c'est donc à cette Cour que la réclamation doit s'adresser; mais il ne le peut que lorsqu'il paraît devant elle pour la première fois : c'est ce que nous faisons aujourd'hui.

Pour repousser notre demande, il faudrait établir qu'elle est proposée ou trop tard ou trop tôt.

Si c'est trop tard, qu'on nous dise l'époque de la procédure où nous pouvions l'invoquer; car on ne peut nous punir pour n'avoir pas réclamé, qu'en prouvant que nous pouvions réclamer.

Si c'est trop tôt, quelle époque attendre? Encore quelques heures, le jugement définitif sera prononcé, et votre juridiction sera épuisée.

Ainsi, dans la théorie que nous combattons, il y aurait des nullités dont personne ne pourrait se plaindre, qu'on ne pourrait relever que lorsqu'on ne peut pas les connaître, et qu'il ne serait plus temps de relever dès qu'on les a connues.

Les nullités d'une action sont nécessairement dans la compétence des juges de cette action. Vous êtes juges du procès de la Tribune; vous seuls pouvez donc statuer sur les nullités qu'il peut contenir.

Mais, nous dit-on, la Cour d'assises est saisie par la chambre d'accusation.

Oui, elle est saisie; mais elle ne peut juger qu'une action régulièrement introduite. Elle doit apprécier les irrégularités qu'aucune autre autorité ne peut apprécier; et comme cette irrégularité, une fois constatée, fait disparaître l'accusateur, il s'en suit que c'est une plainte sans plaignant, une accusation sans accusateur que l'on veut vous faire juger.

J'ajouterai que l'usage de la Cour royale de Paris est sur ce point contraire au vôtre. Dans l'affaire de la souscription nationale, qui n'était qu'un procès de la presse, des moyens préjudiciels furent proposés : ils tenaient, comme ceux d'aujourd'hui, à une procédure arguée de nullité. Le ministère public discuta ces moyens, la Cour les jugea, et aucune fin de non-recevoir ne vint repousser leur examen.

C'est donc le cas, par la Cour, de déclarer nulle et de nul effet, la délibération prétendue du Conseil municipal de Bordeaux, du 21 mars 1820, ensemble tout ce qui s'en est suivi, sauf aux membres dudit Conseil à reprendre, s'il y a lieu, leur action dans les formes et les délais de droit.

M. l'avocat-général de Montaubricq a répondu que ces exceptions n'avaient d'autre objet que d'échapper à la justice, et d'éloigner le moment fixé pour les débats.

Il a dit que les règles de la procédure criminelle ne donnaient pas à la Cour d'assises le droit de statuer sur les nullités articulées par le prévenu ; que la Cour ne pouvant pas réformer les arrêts de la chambre d'accusation, qui fixent sa compétence, elle devait nécessairement les exécuter, c'est-à-dire, passer outre aux débats. M. l'avocat-général a invoqué un arrêt de la Cour de cassation, qui, en rejetant un pourvoi, décida qu'une Cour d'assises avait bien jugé en refusant de se déclarer incompétente sur l'assertion d'un accusé qui prétendait n'être justiciable que de la juridiction militaire.

Concluant de là qu'en général une Cour d'assises, régulièrement saisie, ne peut pas se déclarer incompétente, le ministère public s'est demandé si la législation de la presse dérogeait en ce point au droit commun.

Il a pensé qu'il n'y avait aucune dérogation, et que l'article 6 de la loi du 17 mai, qui établit des nullités dans les plaintes, était parfaitement compatible avec les règles ordinaires.

En effet, M. l'avocat-général a fait remarquer

que l'article 296 du Code d'instruction criminelle donne cinq jours à l'accusé pour former sa demande en nullité de l'arrêt de mise en accusation, à compter de la déclaration que lui en fait le président; et en cas que cette déclaration, n'ait point eu lieu, la nullité ne sera point couverte, et pourra être proposée après l'arrêt définitif, conformément à l'article 296.

Ainsi, s'il y a des nullités dans la procédure qui précède l'ouverture des assises, après l'arrêt définitif, la Cour de cassation en connaîtra; mais aujourd'hui que la Cour est saisie par un arrêt régulier de compétence, il faut que cet arrêt soit exécuté.

Passant surabondamment aux nullités invoquées par le prévenu, M. l'avocat-général n'a pas nié que la présence des adjoints, simultanément avec le maire, serait suffisante pour faire annuller une délibération du Conseil municipal; mais il a soutenu que cette règle ne s'appliquait qu'aux délibérations émanées des Conseils municipaux statuant sur des matières administratives, et qu'ici ce n'était pas le Conseil municipal, mais bien le Corps municipal qui avait délibéré; que l'existence du Corps municipal est reconnue par toutes les lois, notamment par les réglemens qui déterminent les places d'honneur et le cérémonial que peuvent réclamer les diverses autorités. Or, le Corps municipal ne peut être considéré que comme la collection des diverses autorités municipales; c'est-à-dire, du maire, des adjoints et conseillers municipaux.

Quant au reproche adressé à la plainte, et qui supposerait un défaut de précision, le rédacteur de la délibération a précisé, autant que possible, en énumérant tous les faits dont se compose l'événement du 12 mars, et en déclarant que tous ces faits ont été *dénaturés* par M. Pujos.

Par tous ces motifs, le ministère public a requis qu'il fût passé outre aux débats.

M. Mérilhou a répliqué qu'il ne s'agissait pas d'une exception d'incompétence, comme M. l'avocat-général paraissait le penser; mais bien de deux moyens de nullité, dont l'adoption ne portait pas la moindre atteinte à la juridiction des assises. Afin d'éviter tout équivoque à cet égard, continue le défenseur, je déclare que je reconnais la Cour comme compétente, et comme *seule compétente*, pour statuer sur le sort de mon client; mais pour y statuer, il faut une plainte, une accusation : or, je soutiens qu'il n'y en a pas. Y en a-t-il une ? c'est ce que la Cour seule a droit d'examiner; c'est, pour le moment, toute la question du procès.

Que ces nullités soient qualifiées de *défense évasive* par le ministère public, c'est ce qui ne me surprend guère ; car, de tous temps, le demandeur qui a mal procédé, a vu de mauvais œil les efforts du défendeur pour faire rectifier une procédure irrégulière.

Y a-t-il une accusation ? y a-t-il un accusateur légal ? M. l'avocat-général prétend que cela ne vous importe guère ; moi, je crois au contraire que cela vous importe beaucoup ; car avant de juger sur une demande, il faut bien savoir s'il y a un demandeur ; et en ouvrant les débats, il faut bien être sûr que cet acte très-sérieux de votre autorité, ne s'exercera pas sur une base tout-à-fait fantastique.

La théorie du ministère public sur la compétence manque d'exactitude dans les termes absolus où elle est proposée. Il est de principe général, que tout juge à qui l'on demande un acte de son autorité, doit, avant tout, examiner s'il a droit de le faire ; et s'il se trouve incompétent *defectu auctoritatis*, il doit refuser de procéder, malgré l'autorité des arrêts de la chambre d'accusation. Cet usage est familier dans les accusations d'escroquerie ; et les tribunaux correctionnels refusent d'ouvrir les débats, si le cas leur paraît ressortir des tribunaux civils ; ils en font de même en matière de vol, si des circonstances constitutives de la haute criminalité sont remarquées par eux. C'est ce qui a été fait par le tribunal correctionnel de Paris, dans la fameuse affaire Maubreuil, où la question a été nettement décidée.

Quant à l'arrêt de cassation qu'on vient de citer, si ma mémoire est fidelle, cet arrêt doit avoir été rendu sur une procédure instruite par la Cour royale de Rennes. Il s'agissait de certains malfaiteurs qui, poursuivis pour des vols commis à main armée sur les grands chemins de Bretagne, dans les cent jours, prétendirent avoir agi en vertu d'ordres de quelques individus qu'ils qualifiaient leurs chefs, et comme faisant partie des bandes qui prenaient le titre d'armée royale.

La légalité d'une semblable organisation étant méconnue par la justice, l'incompétence invoquée par ces misérables ne pouvait arrêter l'action des lois ; d'ailleurs, la plénitude de la juridiction criminelle, qui appartient aux Cours d'assises, faisait que, même dans le cas de l'arrêt, qui était celui d'un délit commun, la Cour n'était pas incompétente *ex defectu auctoritatis*.

Mais si l'on suppose un cas qui, à raison de la matière ou de la qualité des personnes, soit hors de la juridiction ordinaire, la Cour d'assises ne pourrait s'empêcher de déclarer son incompétence.

Si, par exemple, un individu renvoyé devant elle par un arrêt d'accusation était tout-à-coup reconnu pour un pair de France, croira-t-on que la Cour d'assises devrait procéder contre lui, au mépris de l'article 34 de la Charte, qui lui interdit, à cet égard, tout acte de juridiction?

Si un arrêt de la chambre d'accusation avait renvoyé devant les assises un administrateur, pour des faits relatifs à l'exercice de ses fonctions, ou bien une affaire déjà portée devant l'autorité administrative, la Cour d'assises devrait-elle se déclarer incompétente, sur la revendication de l'administration ?

Le ministère public répond que non; et le Code pénal ordonne pourtant de déclarer cette incompétence, sous peine de forfaiture, tant contre les juges qui l'auraient refusée, que contre les avocats-généraux qui s'y seraient opposés. (Article 127 et 128 du Code pénal.)

Ici l'on voit disparaître l'inexorable autorité des arrêts de mise en accusation.

Que serait-ce donc s'il était prouvé aux débats que le fait qui donne lieu à la poursuite est éteint par la prescription, ou bien couvert par une amnistie, ou bien dans le cas privilégié de l'article 380 du Code pénal ?

Faudrait-il entendre des témoins, poser des questions aux jurés, donner enfin l'inutile représentation d'un jugement solennel...... pour arriver à cette vérité finale, que le fait est hors de l'atteinte des lois humaines ?

La loi ne veut rien d'inutile ; et des débats qui ne peuvent pas être suivis d'un arrêt de condamnation, sont une monstruosité que la raison proscrit.

L'autorité de la chambre d'accusation ne peut prévaloir sur l'autorité de la loi, qui enchaîne le bras du ministère public et défend à la Cour d'assises de condamner.

Il n'est donc pas exact de dire, avec M. l'avocat-général, que, dans aucun cas, la Cour d'assises ne peut refuser l'ouverture des débats.

Mais en concédant cette assertion générale, il resterait toujours que, dans les délits de la presse, une autre règle devrait être invoquée.

Il n'y a pas dérogation expresse au droit commun, dit le ministère public.

Je réponds qu'une dérogation explicite n'est pas nécessaire ; il suffit qu'elle résulte *implicitement* de l'ensemble de la loi. Les articles 2, 3, 4 et 5 de la loi du 17 mai dérogent nécessairement aux articles 1 et 4 du Code d'instruction criminelle, en subordonnant à des intérêts privés l'exercice de l'action publique pour certains délits de la presse. L'article 6 de la loi précitée, qui établit certaines nullités dans les plaintes, déroge sans doute à l'article 63 du Code, qui n'admet pas les mêmes nullités.

Ces principes doivent avoir leurs conséquences, et ce sont ces conséquences que nous invoquons.

Quand ces nullités seront-elles proposées ?

Le ministère public paraît reconnaître avec nous, qu'il est légalement impossible qu'elles le soient avant l'audience de la Cour d'assises, puisqu'avant ce moment elles ne sont pas connues ; mais il propose d'en ajourner l'examen jusqu'après l'arrêt définitif, et de renvoyer le tout à la Cour de cassation, par argument de l'article 295, Code d'instruction criminelle.

Je réponds que si le choix du moment où la nullité sera proposée n'importe guère à la partie publique, il importe beaucoup à la partie accusée, qui connaît la disposition de l'art. 421 du Code d'instruction criminelle.

En effet, M. Pujos plaide aujourd'hui, *en état de liberté*, contre une procédure illégale ; mais s'il survient un arrêt de condamnation, il faudra qu'il se constitue prisonnier, et qu'il reste sous les verrous pendant un mois ou deux que peut durer l'instance en cassation, sans que cette captivité lui soit comptée, en cas de condamnation ultérieure.

Ainsi, la captivité de plus ou de moins, pendant l'instance sur la nullité, voilà la différence entre la théorie du ministère public et la nôtre.

Il y a plus : les dispositions du droit commun repoussent le système de M. l'avocat-général sur le choix du moment opportun pour demander la nullité.

Les articles 296 et 297 du Code d'instruction criminelle qui servent de base à l'opinion de ce magistrat, sont entendus par lui dans un sens inexact. Il raisonne comme si ces articles devaient s'entendre de toute sorte de nullités. Mais l'article 299 dit positivement le contraire, et restreint à trois les nullités dont il s'agit à cette époque de la procédure ; or, ces nullités ne peuvent exister que dans l'arrêt d'accusation, et non pas dans la procédure antérieure.

L'article 408 du même Code est conforme, et n'autorise la cassation d'un arrêt définitif, que pour des nullités commises, soit dans l'arrêt de renvoi, soit dans l'instruction devant la Cour d'assises, soit dans l'arrêt même de condamnation. Ainsi, les nullités antérieures à l'arrêt de renvoi sont toutes couvertes.

Il suit de là, que si, par impossible, M. Pujos avait connu les deux nullités qu'il relève aujourd'hui, de manière à pouvoir dénoncer dans les délais l'arrêt de renvoi à la Cour de cassation, cette Cour, en conformité des art. 299 et 408, aurait déclaré le pourvoi non recevable.

Est-ce à dire que les nullités de l'art. 6 de la loi du 17 mai sont sans remède? Non; mais elles rentrent dans la classe des nullités ordinaires, qui ne peuvent être jugées par la Cour de cassation, qu'après l'avoir été déjà, bien ou mal, par un arrêt souverain; car c'est le caractère de la compétence de cette Cour, de ne pouvoir, en général, connaître en première instance des moyens qui n'auraient pas été déjà appréciés par une autre juridiction.

Je ne pouvais donc me dispenser de présenter dans cette audience les moyens de nullité que je viens d'exposer, et la Cour d'assises a droit et qualité pour statuer à cet égard.

Après ces explications, je m'abstiendrai d'un long développement sur le fonds même de ces nullités.

D'abord, en ce qui touche la présence des adjoints, la réponse de M. l'avocat-général prouve assez son opinion sur la force de la nullité qui en résulte. Le prétexte tiré de la dénomination de *Corps municipal*, qu'il applique à cette réunion illégale, ne serait admissible qu'autant que nous trouverions quelque loi constitutive de cette corporation, dont l'invention vient d'être improvisée à l'instant pour le besoin de cette cause.

L'article 4 de la loi du 26 mai, qui parle des injures adressées à des êtres collectifs, dit : *Contre les Cours, Tribunaux ou autres Corps constitués*, c'est-à-dire, contre les corps établis par la *constitution de l'Etat.* Mais j'ouvre le recueil de nos lois constitutionnelles ; je consulte les lois d'un ordre moins éminent ; je ne trouve, dans les lois en vigueur, aucun article qui constitue une corporation qui serait autre que le *Conseil municipal ;* aucune loi qui lui assigne une destination, qui détermine les élémens qui le composent, et les règles d'après lesquelles il devra agir.

On nous répond par des décrets sur le cérémonial. Mais, d'abord, des décrets ne sont pas des lois, et ne peuvent pas créer des *corps constitués*, d'après les vues de l'article 26. On a bien pu assigner, dans les cérémonies, une place unique aux conseillers municipaux, aux adjoints et au maire ; mais une cérémonie publique n'est pas un acte d'autorité. Le titre de *Corps municipal* est une dénomination générique de pure courtoisie, comme serait le titre d'*autorité municipale* ou de *sénat municipal.* Mais avant de songer à tirer des conséquences pénales d'un sobriquet de politesse, il faudrait indiquer quelle est la loi qui a *constitué* le Corps municipal, comment il est *constitué*, et pourquoi il est *constitué*.

Si le vague de la dénomination autorise le vague de la composition, il s'en suivrait que la même volonté qui a admis les adjoints aurait pu admettre les électeurs ou tout autre classe de citoyens privés.

Nous avons reproché à la délibération qu'elle ne contient pas des faits suffisamment précisés et qualifiés; le ministère public répond qu'ils sont suffisamment précisés et qualifiés : la Cour jugera si une dénégation sèche peut détruire notre argumentation. Nous ajouterons seulement que le défaut de précision est si incontestable, que le ministère public lui-même, pressé de déclarer quels étaient les faits du 12 mars qui avaient été dénaturés, s'est contenté de dire qu'ils l'avaient tous été. Tous!...... tous les faits qui embrassent un espace de plusieurs semaines! Les rédacteurs de la délibération avaient certes la conviction du vague de leur rédaction, puisqu'ils déclarent formellement que le ministère public suppléera à une rédaction imparfaite. Mais ce supplément n'est pas dans le sens des lois; ce supplément n'empêchera pas l'effet de la nullité que nous relevons en ce moment : il en est même la preuve la plus incontestable.

Si l'invocation des nullités que la loi consacre n'est pas un vain mot, la délibération contenant plainte sera anéantie, et la procédure actuelle ne sera pas continuée.

La Cour se retire dans la chambre du conseil. Après deux heures de délibération, la Cour étant rentrée, M. le président prononce l'arrêt suivant :

Ouï l'avocat du sieur Pujos, dans le développement des moyens préjudiciels qu'il a présentés ;

Ouï le ministère public, dans ses observations ;

En fait :

Attendu que le sieur Pujos a été renvoyé devant la Cour d'assises de la Gironde, par un arrêt de la Cour royale de Bordeaux, qui a été signifié audit sieur Pujos le huit mai dernier ;

Que le sieur Pujos a eu, *dès ce moment, connaissance de la plainte qui était portée contre lui* par le Corps municipal de Bordeaux, et que, d'ailleurs, copie entière et littérale, tant de la plainte de M. le maire que de celle du Corps municipal a été délivrée, au frais du Gouvernement, audit Pujos, en conformité de la loi (1).

---

(1) L'acte d'accusation, signifié au sieur Pujos, mentionne la plainte du Conseil municipal, sans en faire connaître la teneur. Copie littérale et entière de la plainte *n'a point été signifiée* aux termes de la loi, quoique le sieur Pujos eût fait élection de domicile ; ce ne fût que long-temps après les délais voulus par la loi qu'il obtint *au greffe* la copie entière et littérale de la plainte du Conseil municipal et celle de M. le maire. On articule en fait, que le procès-verbal de notification de la plainte n'a jamais existé.

En droit :

Attendu que le sieur Pujos a eu tout le temps nécessaire pour se pourvoir en cassation contre l'arrêt de renvoi à la Cour d'assises, et qu'il ne l'a pas fait ; qu'il a eu aussi connaissance de la qualité prise par le Corps municipal, convoqué en assemblée générale, sous l'autorisation de M. le préfet ;

Qu'au surplus, aux termes de l'art. 297 du Code d'instruction criminelle et autres articles dudit Code, les droits du sieur Pujos sont conservés, sauf à les faire valoir après l'arrêt définitif, s'il y a lieu

La Cour

Déclare n'y avoir lieu de prononcer sur les moyens de nullité présentés par le sieur Pujos, dans sa requête de ce jour, et, sans y avoir égard, ordonne qu'il sera procédé à l'ouverture des débats.

Les débats sont ouverts.

M. le président interroge le prévenu, qui déclare se nommer Félix Pujos, être l'auteur des articles insérés dans les N.os 102 et 108 de la Tribune de la Gironde.

Interpellé sur son intention, il répond n'en avoir eu d'autre que celle d'exprimer son improbation sur l'anniversaire d'un jour où les Anglais avaient occupé Bordeaux, et non pas de diffamer les membres du Conseil municipal, ni l'universalité des citoyens de Bordeaux.

M. le président donne l'ordre à l'huissier d'appeler les témoins cités à la requête du prévenu.

L'huissier appelle MM. Otard, Ardel, Cazeaux, Dalbusset et plusieurs autres. Tous sont invités à se retirer à la chambre des témoins.

M. Otard, qui commandait au 12 mars la 1.re cohorte de la garde urbaine, est introduit pour déposer. M. le président lui lit la formule du serment. Au moment où le témoin va répondre, M. l'avocat-général prend la parole pour s'opposer à l'audition de tous les témoins cités par le prévenu.

Il expose que l'article 21 de la loi du 26 mai 1819 exige que les prévenus de diffamation qui voudront prouver la vérité des faits diffamatoires, soient tenus, dans les huit jours qui suivront la notification de l'arrêt de renvoi ou de l'opposition à l'arrêt par défaut rendu contre eux, de faire signifier au plaignant, 1.° les faits articulés et qualifiés dans cet arrêt, desquels ils entendent prouver la vérité; 2.° la copie des pièces; 3.° les noms, professions et demeures des témoins..... le tout à peine d'être déchu de la preuve.

M. l'avocat-général fait remarquer que cette triple notification n'a eu lieu, ni dans les délais, ni hors des délais indiqués par la loi; mais que seulement, depuis 24 heures, la liste des témoins assignés à la requête du prévenu lui a été notifiée, conformément à l'article 315 du Code d'instruction criminelle. Mais cette forme n'est pas suffisante dans la procédure spéciale où l'on est engagé; c'est donc le cas de déclarer le prévenu déchu du droit de faire la preuve des faits par lui imputés.

Le ministère public exprime son regret de ce que le prévenu, en renonçant ainsi volontairement à présenter ses preuves, a mis la Cour dans l'impossibilité de se livrer à l'examen des faits; examen d'où serait sortie, selon M. l'avocat-général, l'évidence de la fausseté de ses allégations. Mais cette renonciation à la faculté de faire la preuve, est l'implicite aveu de l'impossibilité de l'effectuer.

M. *Mérilhou* répond en ces termes : L'impossibilité où l'on veut mettre l'accusé de faire entendre ses témoins à décharge n'est pas l'effet d'une détermination volontaire, mais d'un abus de confiance de la part de l'officier ministériel dont l'intervention était indispensable à l'accusé. Cet officier est le sieur Peytoureau, huissier-audiencier près de la Cour, et aujourd'hui même de service dans cette enceinte. Il est présent à l'audience; il m'entend; la Cour peut l'interroger; qu'il contredise l'exposé que mon client me charge de transmettre à la Cour.

Voici les faits :

L'huissier Peytoureau reçut, dans les délais de la

loi, les pièces de M. Pujos, des mains de M. Pujos lui-même, pour en faire le dépôt et la notification au ministère public. Il crut à tort, devoir, à cet égard, prendre les ordres des magistrats. Les pièces furent, par lui, remises à M. Marque, greffier de la Cour d'assises, qui tient la plume en cette audience, et qui ne démentira pas ce fait. Les pièces sont passées des mains de M. Marque dans celles de M. l'avocat-général de Martignac, qui alors était désigné comme devant porter la parole dans cette cause. Ces pièces sont restées plusieurs jours en état de communication. Ainsi, s'il est vrai que le ministère public est indivisible, il est légalement certain que M. l'avocat-général de Montaubricq ne peut pas ignorer ce qu'a connu son éloquent prédécesseur.

Bientôt après, M. le greffier remit les pièces à l'huissier Peytoureau, en lui annonçant, de la part du ministère public, que la formalité qu'on lui avait prescrite était inutile. Ces faits n'ont été révélés, à M. Pujos et à moi, que depuis vingt-quatre heures. M. Pujos, qui n'a pas appris dans le métier des armes à se défier des huissiers inhabiles, croyait si bien à l'accomplissement des formalités, que les pièces dont la copie m'a été renvoyée à Paris, portent toutes la mention que la notification en a été faite conformément à la loi.

Ainsi donc, qu'on ne dise pas au prévenu : Vous avez abandonné votre dessein de faire la preuve, parce que vous saviez qu'elle était impossible : il est trop évident que ce résultat est l'effet d'une faute qui n'est pas la sienne; j'en atteste la conscience des magistrats qui m'écoutent. Si de sérieux reproches, si même de graves inculpations ressortent de cette circonstance, ce n'est pas du moins M. Pujos qui pourrait en être atteint.

Vous regrettez, dites vous, que cette nullité vous prive des avantages d'établir, par des preuves et par des pièces, la fausseté des assertions du prévenu. Eh bien, si vous le voulez, vos regrets vont cesser; la nullité vous appartient: vous pouvez y renoncer. Il ne tient qu'à vous d'ouvrir la lice judiciaire; unissons nos efforts pour faire éclater la vérité : vous opposerez titre à titre, témoin à témoin; et si votre espoir est fondé, vous couvrirez le prévenu de confusion....... Mais vous ne le voulez pas..... vous fuyez donc la lumière : vous vous enveloppez de fins de non-recevoir, pour vous dérober à la vérité qui vous presse; car vous savez que la simple apparition de nos témoins ferait pâlir nos accusateurs.

Vous nous reprochez de n'avoir pas précisé les faits à prouver. Les plaignans ont-ils donc précisé les faits dont ils voulaient se plaindre?

Et comment pouvions-nous les préciser, quand les plaignans eux-mêmes n'ont pas pu y parvenir ?

Au surplus, et pour mettre à l'aise la conscience du ministère public, nous renonçons à prouver les faits diffamatoires; nous voulons prouver des faits justificatifs pour le prévenu, et qui ne diffameront personne. Je demande acte de ma déclaration.

M. *le président.* Quels sont les faits que vous voulez prouver ?

M. *Mérilhou.* Je veux prouver que le maréchal Béresford a déclaré qu'il prenait possession de Bordeaux, pour Georges III; je veux prouver que les Anglais ont exercé à Bordeaux des actes d'autorité supérieure. Ces faits ne sont diffamatoires pour personne, excepté pour lord Béresford, que le ministère public ne représente pas sans doute. Ces faits ne peuvent être diffamatoires que pour ceux qui les ont exécutés; or, ce n'est ni le Conseil municipal de Bordeaux, ni M. le vicomte de Gourgues. Que ces faits soient justificatifs, et pleinement justificatifs, c'est ce que je me charge de démontrer.

M. *l'avocat-général* répond qu'il croit inutile de justifier M. de Martignac des reproches qui paraîtraient lui avoir été adressés. Le noble caractère de ce magistrat parle assez pour lui. Un fait est certain, c'est que les notifications voulues par la loi n'ont pas été faites, et que la déchéance de la preuve est encourue. Le ministère public est chargé de faire exécuter les lois, et non pas de dispenser de leur exécution. C'était au prévenu à s'assurer que l'huissier, chargé de sa confiance, remplissait ses intentions. Quant à l'idée du défenseur de prouver, par témoins, les faits qu'il appelle justificatifs, il est évident que c'est un moyen détourné pour arriver à la preuve des faits diffamatoires. Il en tirera ensuite des argumens à la décharge du sieur Pujos. Ainsi, c'est le cas de rejeter la demande du prévenu.

M. *Mérilhou.* Avant de répondre aux observations du ministère public, je dois déclarer que le dessein d'attaquer les magistrats du parquet a été bien loin de ma pensée. Je devais expliquer un fait : l'omission des notifications. Je devais citer un autre fait : la conduite de l'huissier Peytoureau. J'ai cité les noms, pour mieux établir l'authenticité du récit et pour appeler la contradiction.

Que je veuille tirer des argumens des faits que j'ai articulés, c'est ce qui n'est pas douteux ; sans cela, ces faits seraient oiseux, et je serais blâmable d'y arrêter l'attention de la Cour. Mais ces faits ne sont point diffamatoires, excepté pour le maréchal Béresford, qui n'est pas membre du Corps ou Conseil municipal de Bordeaux. Ici revient la preuve de ce que je disais au commencement de l'audience, sur l'impossibilité de procéder régulièrement avec la plainte informe du Conseil municipal.

Si cette plainte articulait des faits diffamatoires, on pourrait nous dire : tel fait que vous articulez comme justificatif, est parmi ceux indiqués comme diffamatoires; donc aucune preuve ne peut être reçue à cet égard, et l'on aurait raison ; mais tant qu'on ne prouvera pas cette identité, le refus que vous propose le ministère public est contraire à l'équité naturelle et à la loi positive. Quand on vous demande de prouver une action d'un général étranger, que personne ne pouvait empêcher dans vos murs, il est impossible d'affirmer que c'est pour vous une diffamation.

L'occupation que j'articule n'est qu'un acte de force majeure, comme la bataille de Vittoria, où le noble lord resta triomphant.

Au surplus, je persiste à demander acte de mon articulation et du refus.

La Cour se retire pour délibérer, et M. le président prononce l'arrêt suivant :

Ouï M. l'avocat-général, qui a conclu à ce que, aux termes de l'article 21 de la loi du 26 mai 1819, le sieur Pujos fût déchu de la faculté de faire entendre des témoins et de produire des pièces afin de prouver la vérité des faits articulés dans le N.° 102 du journal de la Tribune de la

Gironde, qui a été l'objet de la plainte et de la dénonciation contre lui;

Attendu que ledit sieur Pujos ne s'est pas conformé aux dispositions des articles 20 et 21 de la susdite loi, en ne notifiant pas, soit à la partie plaignante, soit au ministère public, dans les huit jours qui ont suivi la notification de son opposition à l'arrêt par défaut rendu contre lui, et qui lui a été notifié le 21 du mois de juin dernier, les faits qualifiés dans cet arrêt, dont il entendait prouver la vérité; la copie des pièces, ni le nom, la profession et la demeure des témoins par lesquels il entend faire la preuve; et qu'il n'a pas fait élection de domicile près la Cour d'assises, où le plaignant et le ministère public auraient pu lui faire signifier à leur tour la copie des pièces, les noms, professions et demeures des témoins par lesquels ils auraient pu faire la preuve contraire;

Ouï le sieur Pujos, par l'organe de son défenseur;

Attendu que le sieur Pujos ne peut être admis à prouver aucun fait par titres ou par témoins, d'après les dispositions prohibitives de l'article 21 de la loi du 26 mai 1819, faute par lui de s'y être conformé, ce qu'il aurait dû faire;

Attendu qu'en demandant à faire la preuve, par témoins, de certains faits que le sieur Pujos prétend n'être pas diffamatoires, il a nécessairement en vue d'en tirer des conséquences contre l'imputation de diffamation qui lui est faite, ce qui serait une violation indirecte de la loi, et enlèverait au ministère public et à la partie plaignante le droit qui leur est également accordé par l'article 22 de la même loi (1);

(1) Droit dont le ministère public usa largement toutefois, par la lecture des actes administratifs du duc d'Angoulême, et diverses autres pièces, quoiqu'il n'en eût fait signifier aucune audit sieur Pujos, en vertu dudit article 22 de la loi précitée.

La Cour

Déclare le sieur Pujos, déchu de la faculté de faire la preuve contraire des faits qui lui sont imputés, tant par pièces que par témoins; en conséquence, ordonne que les témoins assignés par le sieur Pujos ne seront pas entendus.

M. l'avocat-général de Montaubricq prend la parole pour développer le système de l'accusation.

Il annonce qu'il va s'occuper de la plainte du maire, et ensuite de celle du Conseil municipal de Bordeaux.

D'abord, le maire se plaint qu'il a été diffamé par l'imputation qui lui est faite d'avoir voulu exciter, par sa proclamation, ses concitoyens à la discorde et à des excès.

Nos lois distinguent la diffamation de l'injure. La *diffamation* est l'imputation d'un fait précis, et l'*injure* est l'emploi d'expressions outrageantes, de termes de mépris ou d'invectives.

L'écrit dont il s'agit a le double caractère de diffamation et d'injure, à l'égard de M. le maire de Bordeaux. La proclamation émanée de ce magistrat est rappelée avec des expressions qui, quoiqu'en termes détournés, tendent à le présenter comme un objet de mépris, et insinuent qu'il a provoqué l'explosion de passions criminelles, à l'occasion de la mort déplorable de S. A. R. Mgr. le duc de Berry.

Sans doute, en se permettant une telle imputation, l'auteur de la Tribune ne connaissait pas le noble caractère de M. le maire de Bordeaux; il ne savait pas que son horreur pour les discordes civiles ne le cède en rien à l'amour qu'il porte au sang de ses Rois.

Le prévenu a voulu persuader que la proclamation de M. le maire était un appel aux passions, et il lui a adressé ce reproche par un article qui est lui-même l'invocation la plus directe aux passions les plus criminelles.

La plainte du Conseil municipal, suivant le ministère public, présente la question importante de savoir si, dans la mémorable journée du 12 mars, la ville de Bordeaux s'est immortalisée ou couverte de honte. Il s'agit de savoir si son dévouement fut une trahison, comme le dit un écrivain isolé; ou un acte éclatant de vertu, comme l'Europe l'a proclamé, et comme l'a souvent déclaré notre Monarque, juge bien compétent de l'honneur et de la loyauté.

Pour convaincre l'auteur de la Tribune de mensonge, il suffira de rétablir les faits; et pour atteindre ce but, on ne dira rien qui ne soit prouvé par pièces; on écartera même le témoignage de la notoriété publique. A cette occasion, M. l'avocat-général fait remarquer que son opinion sur les événemens du 12 mars est d'autant plus digne de confiance, qu'elle est tout-à-fait désintéressée, puisque les fonctions qu'il remplissait hors de Bordeaux l'ont tenu éloigné pendant ce grand changement.

Le Roi, du fond de son exil, n'avait pas cessé de s'occuper de la délivrance de ses sujets.

Le 14 janvier 1814, S. M. signa, à Hartwel, des lettres-patentes, par lesquelles il investissait son auguste neveu, Mgr. le duc d'Angoulême, du titre de son lieutenant dans les provinces méridionales du royaume.

Le 10 février 1814, le Prince, à son arrivée en France, par une proclamation datée de St.-Jean-de-Luz, annonce ses pouvoirs au peuple français.

Le 11 février, il s'adresse à l'armée, pour lui exprimer des sentimens dignes d'un Bourbon.

Bientôt on apprit à Bordeaux l'arrivée du Prince et les pouvoirs dont il était revêtu. Le Conseil royal de Bordeaux dépêcha, auprès de Son Altesse, M. Georges Bontems-Dubarry, aujourd'hui lieutenant-colonel des chasseurs de la Dordogne.

Cet officier était porteur d'une lettre de M. de Taffard-Saint-Germain pour le Prince, qui était alors à St.-Sever. D'après les instructions dont il était porteur, il eut deux conférences avec le marquis de Wellington, pour le déterminer à envoyer à Bordeaux une force imposante, capable de prévenir toute résistance. Ce lord consentit à détacher le maréchal Béresford avec 1500 hommes, pour se porter sur cette ville.

Le 6 mars, le Prince écrivit à M. de Taffard, pour lui annoncer qu'il avait eu deux entrevues avec le lord Wellington, et lui donner ordre d'arborer le drapeau blanc aussitôt que le départ des Français laisserait la ville à ses propres sentimens. Il ajoutait qu'alors on pourrait lui envoyer une députation pour l'inviter à prendre le gouvernement du pays au nom du Roi (1).

Ici, M. l'avocat-général demande si le duc d'Angoulême était le représentant de Georges III.

Le ministère public continue sa narration. Il raconte que la garde urbaine, composée des *citoyens les plus recommandables de Bordeaux*, ne cessa pas son service après l'entrée du Prince, et contribua beaucoup à conserver le bon ordre.

La municipalité, ayant à sa tête M. le comte Lynch, alors maire de cette ville, alla, le 12 mars, au-devant du maréchal Béresford. M. l'avocat-général lit un journal anglais, qui inséra le discours adressé, en cette circonstance, par M. le maire au maréchal anglais, à qui il déclara formellement qu'il

---

(1) Ces faits, et la lettre à laquelle le ministère public fait allusion, sont extraits d'un exposé, signé le chevalier *de Taffard de St.-Germain* et *de Pomiers*, qui a été imprimé et distribué au public à l'occasion de ce procès.

rendait la ville à S. M. Louis XVIII. La même déclaration se trouve dans le discours adressé par le même maire à Son Altesse Royale, et dans la proclamation qu'il publia le lendemain de cette grande journée.

L'armée alliée qui servait de cortége au Prince, et la population de Bordeaux, étaient alors (dit M. l'avocat-général) livrées au délire d'une commune joie. L'espérance de voir renaître, au milieu d'une paix prochaine, les relations du commerce et l'ancienne amitié des nations européennes, faisait oublier les maux d'une guerre désastreuse. La ville de Bordeaux retentissait des accens de la reconnaissance envers les étrangers qui venaient briser ses fers et relever le trône de ses Rois.

Qui dictait alors des lois dans Bordeaux, dit le ministère public? Qui gouvernait? qui avait le droit d'exiger obéissance?

C'était le Prince, neveu et lieutenant du Monarque légitime.

La proclamation de Son Altesse Royale, après son entrée, en est la preuve la plus positive. Il annonce qu'il ne changera rien à l'administration et au gouvernement de la ville. Donc il est évident qu'il avait le droit de changer; donc les Anglais reconnaissaient son autorité, et garantissaient l'exécution de ses ordres.

Maintenant si l'on veut des actes de cette autorité, qu'en vain l'on ose contester, on citera la lettre du Prince, du 13 mars, à M. de Carrère, en le nommant préfet du département des Landes.

Le 17 mars, le général anglais, comte Dalhousie, écrivait au Prince, que toute l'autorité civile était entre les mains de Son Altesse Royale, et que, quant à lui, il ne se regardait que comme occupant un poste purement militaire.

Le 18 mars, le Prince arrêtait un tarif pour la perception des contributions indirectes.

Le journal anglais, l'*Ambigu*, contient une lettre du duc de Wellington au ministère anglais, sous la date du 14 mars, de laquelle il résulte que Bordeaux, en se soumettant aux Anglais, n'a reconnu d'autre autorité que celle de S. M. Louis XVIII.

Le jugement que le Roi lui-même a porté de cette journée du 12 mars, apprend assez si c'est pour courber leur patrie sous le joug des léopards que les habitans de Bordeaux secouèrent l'autorité de Buonaparte. Croira-t-on que le Roi eût honoré des marques de sa bonté, des hommes qui n'auraient pas eu en vue le bien de son service, mais seulement le service de la couronne d'Angleterre?

A cette occasion, M. l'avocat-général cite les paroles du Roi à M. Both de Tauzia, qui fut chargé d'aller porter à Hartwel, aux pieds du trône, la soumission de la ville de Bordeaux. La lettre royale écrite, à la même époque, à M. le comte Lynch, et la réponse de S. M. à l'adresse du Conseil général de la Gironde sont invoquées tour-à-tour par le ministère public, comme des titres authentiques de la loyauté des auteurs du 12 mars.

M. l'avocat-général rappelle ensuite les armoiries accordées à la ville par S. M., et qui contiennent la consécration de cette journée; la colonne destinée à en immortaliser la mémoire, et la résolution royale qui choisit le nom de la cité du 12 mars, pour être porté, en signe de reconnaissance, par l'enfant auguste que les lis attendent pour soutenir leur tige mutilée par la tempête.

De là, M. l'avocat-général conclut qu'attaquer ou déprécier les événemens du 12 mars 1814, c'est, en quelque façon, manquer de respect envers le Roi lui-même, qui en a consacré les souvenirs par tant d'actes de sa puissance.

Après avoir ainsi fixé le caractère général des faits du 12 mars, le ministère public examine divers passages de l'article qui sert de matière à l'accusation.

Le passage où l'auteur parle du drapeau français abaissé devant les bannières anglaises, fixe d'abord l'attention de M. l'avocat-général.

De quel drapeau l'auteur a-t-il voulu parler? Est-ce du drapeau tricolore? mais déjà ses couleurs avaient disparu de Bordeaux par la retraite de l'armée française : il n'a donc pas pu s'abaisser le 12 mars devant les bannières anglaises. C'est donc le drapeau blanc que l'auteur a voulu désigner. En parlant de son abaissement prétendu, il a outragé ce signe respecté de la restauration, et indiqué un fait faux, puisque la bannière sans tache, loin de s'abaisser dans la journée du 12 mars, fut, au contraire, arborée en ce jour pour la première fois depuis nos discordes civiles.

M. l'avocat-général remarque ensuite que l'auteur aurait voulu qu'on reçût le Prince à bras ouverts, et les Anglais à coups de canon; mais il y aurait eu, dit-il, peu de loyauté à accueillir le bienfait et à repousser les bienfaiteurs. Les Anglais qui accompagnaient Son Altesse Royale n'étaient pas assez nombreux pour imposer à la ville de Bordeaux une autorité qu'elle aurait voulu repousser; mais seulement afin de prévenir toute résistance et d'empêcher l'effusion du sang français. Le 24 février, un décret de l'usurpateur proscrivait de nouveau les couleurs blanches, et renouvelait les lois atroces de la Convention contre la dynastie légitime : de sorte que si ce Prince se fût présenté seul et isolé, en tombant entre les mains des émissaires de Buonaparte, il aurait pu être à l'instant fusillé. Un cortége anglais le préservait de tout danger, et facilitait l'explosion des sentimens de la ville fidelle. Mais jamais les Anglais n'ont pu penser que le secours qu'ils prêtaient à l'allié de leur Roi, les mît en droit de s'emparer du pays au nom de leur Roi même.

A la vérité, le ministère public ne peut s'empêcher de convenir que la conduite des Anglais, depuis cette époque, a pu ôter au bienfait le caractère de générosité qu'il avait alors ; ils ont voulu que la France payât les frais de la guerre ; et peut-être n'ont-ils pas toujours attendu qu'une négociation libre et volontaire les mît en possession de ce qu'ils se croyaient en droit de réclamer.

Mais ce n'est pas l'événement qui justifie ou condamne ; c'est la pureté des motifs ; c'est le témoignage de la conscience, qui doit rassurer ceux qui ont entrepris une tâche difficile et dangereuse, et qui n'ont pu se dispenser d'employer des coopérateurs dont ils ont pu ne pas rester toujours les maîtres.

L'écrivain de la Tribune a voulu déverser le mépris sur le noble maire de 1814 et sur l'illustre député qui fait l'orgueil du barreau dont il a fait l'ornement. Sans rechercher si un simple citoyen que rien n'oblige à prendre la plume, peut ainsi outrager des vertus que tout le monde environne du respect le plus mérité, le ministère public est lié par le silence même des personnages outragés.

M. l'avocat-général cherche enfin à établir que les imputations dont il a démontré la fausseté sont diffamatoires pour les autorités municipales de Bordeaux, et surtout pour la population entière, qui, en saluant avec enthousiasme l'auguste représentant de son Roi, s'abandonnait à des sentimens légitimes, et ne courait pas au-devant d'un joug étranger.

Le ministère public termine son discours, en rappelant que c'était l'assassinat de S. A. R. Mgr. le duc de Berry qui avait fourni la déplorable occasion de la proclamation du maire, contre laquelle l'écrivain a cru pouvoir s'élever d'une manière si condamnable. Ce souvenir fournit une touchante péroraison, dans laquelle l'orateur magistrat s'efforce de faire sentir la nécessité de l'union, et d'une courageuse sévérité pour arrêter les progrès des doctrines dangereuses.

L'audience est levée.

DEUXIÈME AUDIENCE.

Du 16 septembre.

A l'ouverture de l'audience, M. Mérilhou annonce que la nature de la cause exigeant un exposé des faits sur lesquels est fondée l'opinion du prévenu, et l'examen de cette opinion sous le rapport de la loi pénale, il avait jugé convenable de laisser la première tâche à son client, et de se réserver la seconde. Il demande, en conséquence, que la Cour veuille bien accorder la parole à M. Pujos.

M. le Président invite M. Pujos à s'expliquer.

M. Pujos parle en ces termes :

MAGISTRATS, MESSIEURS LES JURÉS,

Traduit devant vous pour me justifier d'un délit qui fut aussi loin de ma pensée qu'étranger à l'écrit dont on a fait ressortir l'accusation, je n'ai pu me dissimuler que c'était de sa puérilité même que l'accusation tirait toute sa force, puisqu'on l'appuyait sur des *interprétations*, et qu'on avait confié aux irritations de l'amour propre le soin d'exploiter ce champ vaste et fécond.

Trop inhabile pour y suivre mes adversaires,

j'ai confié à une voix éloquente, et toujours dévouée à l'innocence, de quelques préventions qu'on l'entourât, le soin de discuter l'accusation en elle-même et les droits qui me sont garantis par les lois. Je ne me suis réservé que l'exposition du fait historique que j'espérais appuyer par des preuves écrites, et par des témoignages irrécusables.

Un acte qu'il me serait permis de qualifier, mais que je ne reproche qu'à ma confiance irréfléchie, m'enlève le moyen qui devait faire éclater mon innocence : on me livre désarmé à un adversaire qui ne manque d'aucun moyen d'attaque ; mais je dois à mes concitoyens dont mes accusateurs *se sont faits* les mandataires, je me dois à moi-même de ne pas accepter volontairement le titre de diffamateur. Ce n'est donc plus que *comme renseignement* et non *comme preuve*, que je vais exposer ma défense et les intentions de mon écrit.

Vous avez tous connu, MM. les jurés, les événemens qui ouvrirent à l'armée anglaise une suite non interrompue de succès. La fortune avait abandonné nos phalanges, et l'Europe, pesant de sa masse entière, avait envahi nos frontières de toutes parts.

Wellington distinguant sa marche de celle des autres puissances coalisées contre nous, ne négligeait aucun des moyens d'assurer les points de retraite, qu'un revers aurait pu lui rendre nécessaires ; et Bordeaux touchant pour ainsi dire à la mer, ouvrait à ses troupes une nouvelle communication avec les escadres anglaises.

Cependant la politique devait marcher à sa suite, pour qu'il pût pénétrer jusqu'à nous sans compromettre le sang anglais, et s'assurer, sans combats, des positions qui, sous le rapport militaire, multipliaient ses moyens de paralyser un revers.

Mais comme si, dans les événemens qui ont changé la face de l'Europe, tout devait être inattendu, on vit, pour la première fois, la politique anglaise s'appuyer sur nos discordes civiles sans les exciter ouvertement : et les Anglais nous envahirent, en voilant assez habilement leurs intentions, pour qu'en cas de succès ils pussent nous traiter en ennemis, et pour qu'en cas de revers ils ne fussent obligés de prêter à aucun parti le secours de leurs forces.

Je n'examinerai, dans les opérations du général Wellington, que ce qui a rapport à l'assertion qu'on a voulu rendre criminelle, celle de *l'occupation* de Bordeaux ; je le suivrai dès son entrée dans nos départemens méridionaux, et me plaçant un instant à la suite de l'armée anglaise, je vous rappélerai fidellement son itinéraire, et vous la verrez partout usant du droit de conquête et s'en appropriant tous les bénéfices.

Après le passage de l'*Adour*, et la concentration des forces françaises dans la direction de Toulouse, le général Wellington étendit son armée dans le département des Landes, pour le déblayer des faibles détachemens français qui s'y trouvaient encore disséminés sur divers points.

Le général *Wandeleur* se présenta devant *Dax*, et fit précéder son entrée de la sommation suivante, consignée dans les registres de la Préfecture.

Extrait des Registres de la Mairie de Dax.

SOMMATION.

3 Mars 1814.

« Pour sauver la ville de Dax des suites d'un assaut, je vous somme à la rendre *aux troupes britanniques* sous mes ordres. L'officier qui est porteur de cette lettre attendra votre réponse. »

Signé, WANDELEUR.

Pour copie conforme, etc.

Dax, 29 août 1820.

Le Maire, signé CAZENAVE, etc.

En conséquence de cette sommation, cette petite ville, réduite à l'impuissance de se défendre par la retraite des troupes françaises qui l'occupaient quelques heures auparavant, ouvrit ses portes à l'ennemi.

Le même jour, 3 mars, le général anglais adressa l'ordre suivant à M. le maire.

Extrait des Registres de la Mairie de Dax.

3 Mars 1814.

MONSIEUR LE MAIRE,

« D'après *les ordres du feld-maréchal, marquis de Wellington,* commandant en chef *les armées alliées,* je suis chargé de vous transmettre que les autorités constituées, dans les villes et villages du territoire français, doivent continuer leurs fonctions jusqu'à nouvel ordre. D'après cela, M. le maire de Dax continuera ses fonctions avec les autres membres qui composent l'administration et la municipalité de Dax, malgré les ordres qu'ils auraient reçus *du Gouvernement français;* et s'ils s'y refusaient, ainsi que les autres fonctionnaires, je prendrais des mesures pour les y contraindre, ainsi que ceux qui n'obéiraient point à l'ordre que je leur fais connaître. »

Signé WANDELEUR.

Pour copie, etc.

Dax, 29 août 1820.

Le Maire, signé CAZENAVE.

Vous vous étonnerez, Messieurs, que, dans ces deux significations, il n'ait pas encore été question du Prince dont mes accusateurs prétendent que les Anglais étaient alliés.... Mais poursuivons.

Pendant que ceci se passait à Dax, le maréchal Béresfort pénétrait à *Mont-de-Marsan*, où, comme vous le verrez bientôt, il ne se faisait précéder d'autre recommandation que de la force et de l'épouvante irrésistible qui accompagne toujours le vainqueur.

Voici le procès-verbal de prise de possession qui fut dressé par MM. les adjoints à la mairie de Mont-de-Marsan, et déposé, vu les circonstances, en l'étude de M.e *Broca*, notaire, qui en donna décharge aux déposans.

M. l'avocat-général interrompt M. Pujos, en exprimant le regret que lui fait éprouver cette partie de son devoir. Il rappelle que l'article 21 de la loi du 26 mai 1819 donnait à M. Pujos le droit de prouver les faits diffamatoires, tant par titres que par témoins. Un arrêt de la Cour ayant déclaré ce prévenu déchu du droit de faire la preuve, cette déchéance doit emporter exclusion de l'usage de toute sorte de titres, aussi bien qu'exclusion de toute sorte de témoins. En conséquence, le ministère public requiert que la Cour fasse défense à M. Pujos de produire pour sa défense les titres dont il annonce être possesseur, et qui n'ont pas été notifiés conformément à la loi.

M. *Mérilhou*. L'incident qu'élève en cet instant M. l'avocat-général a droit de nous surprendre. Il invoque les souvenirs de la dernière audience; ce sont ces souvenirs même que j'invoque à mon tour contre lui. Je soutiens que le ministère public, en faisant usage contre nous de quatorze ou quinze pièces, dont aucune n'a été notifiée, ni même communiquée, s'est d'avance constitué par là non-recevable à nous repousser par une irrégularité dont il nous a lui-même donné l'exemple.

Ici, fixons-nous bien sur le sens de l'article 21, qui me paraît avoir été mal saisi par la partie publique.

Quand le prévenu s'est dépouillé du droit de faire la preuve, que devient la procédure? Plus de discussions sur la vérité ou la fausseté des faits : les tribunaux ni les jurés n'auront plus à s'en occuper. Un seul point pourra désormais être débattu, c'est la qualité diffamatoire des faits imputés. M. l'avocat-général était pénétré de cette vérité, lorsqu'il regrettait hier, au sujet de l'exclusion des témoins, que la lice judiciaire se trouvât désormais fermée sur le fonds. Mais plus tard il a oublié cette même maxime, lorsqu'en s'efforçant de prouver l'exactitude de la narration municipale du 12 mars, il a fait passer sous vos yeux une foule de pièces officielles ou officieuses, des lettres-patentes royales, des lettres, des rapports de généraux anglais, et jusqu'au texte même de l'*Ambigu*.

Le cercle de la défense ne doit pas être moins étendu que celui de l'accusation; et j'ai dû penser que le ministère public, entraîné par cet amour de la vérité qui le caractérise, se débarassait des fins de non-recevoir, où il s'était vu à regret enchaîné, et consentait à un examen contradictoire sur les événemens du 12 mars. Nous avons dû accepter son défi, et descendre dans la carrière qu'il nous ouvrait lui-même, et dont il nous assignait l'étendue.

Le ministère public, en faisant ce qu'il n'a pas dû faire, nous a forcé de faire, par nécessité, ce dont la loi nous ordonnait, à lui et à nous, de nous abstenir comme d'une irrégularité.

Dans quelle loi, dans quel code, dans quel auteur a-t-on vu que la défense serait circonscrite, lorsque l'accusation a été libre dans ses moyens ? qu'un accusateur pourrait opposer à l'accusé des pièces qu'il lui sera interdit de critiquer ? que nous aurons les bras liés pour nous défendre contre un accusateur armé de toutes pièces ? Quoi ! l'accusateur lira ses pièces, et nous ne pourrons pas lire les nôtres ! il articulera des faits que nous ne pourrons pas démentir ! et ses assertions seront comme des arrêts contre lesquels l'accusé ne pourra pas même murmurer !

Ah ! si de tels résultats sont écrits au fond de quelque code d'exception, qu'on se hâte de les révéler ; qu'on bannisse des tribunaux le simulacre de la défense, et que l'accusé ne croie plus à la protection de notre ministère impuissant.

M. l'*avocat-général* répond que le prévenu ne peut imputer qu'à lui-même l'absence de ses preuves : n'ayant fait aucune notification, il a mis le ministère public dans l'impuissance d'en faire aucune à son tour. Du reste, la partie publique n'a fait que rappeler des faits incontestables : elle devait exposer les circonstances du procès, et parler des documens qui sont dans la possession de tout le monde. On n'entend pas circonscrire ni entraver la défense : que le prévenu se défende comme il pourra ; qu'il affirme les faits qu'il croira devoir affirmer ; et s'il le veut, qu'il rappelle la substance des pièces qui sembleront propres à assurer le succès de la cause.

M. *Mérilhou*. J'apprécie trop bien le caractère d'impartialité que M. l'avocat-général a déployé dans cette cause, pour penser qu'il ait voulu gêner la marche de la défense ; mais il faut bien s'entendre sur la nature de la concession qui nous est faite.

J'ai dit et je soutiens que M. Pujos a droit de faire aujourd'hui ce que M. l'avocat-général a fait hier. Tout en reconnaissant l'éminence du caractère public dont ce magistrat est investi, j'ajouterai que l'accusateur et l'accusé sont égaux dans cette enceinte ; et si quelque inégalité, quelque préférence pouvait exister ici, c'est par nous, par nous seuls qu'elle pourrait être revendiquée.

Nous ne pourrons pas déposer entre les mains des jurés les originaux de nos pièces : nous y consentons ; mais nous les leur montrerons. Ils verront de leurs yeux les caractères de l'authenticité, et aucune voix ne s'élèvera pour la contester.

On nous accorde que nous pourrons en donner la substance ; mais le prévenu n'a pas pris dans les camps l'habitude de l'improvisation : il est de ceux qui n'improvisaient que la victoire. Je demande qu'il soit déclaré par la Cour qu'il en pourra donner lecture ainsi, et avec l'étendue que lui et moi jugerons convenable.

La Cour se retire dans la chambre du conseil, et, après un assez long délibéré, M. le président prononce l'arrêt suivant :

Attendu que, par l'arrêt d'hier, le sieur Pujos a été déclaré déchu du droit de faire la preuve, tant par titres que par témoins, de la vérité des faits qualifiés diffamatoires, faute par lui de s'être conformé à la loi ;

Que donner lecture dans cette audience des pièces qu'il aurait dû signifier en temps opportun, c'est éluder la disposition de cet arrêt et violer la loi sur laquelle il est motivé.

Que vouloir s'autoriser de ce que le ministère public a lui-même donné lecture des pièces à l'appui de la plainte, quoique non signifiées, c'est méconnaître la disposition de la loi, puisque le ministère public n'aurait été obligé de signifier des pièces, que dans le seul cas où le prévenu en aurait signifié lui-même dans les délais.

Que si l'argumentation que le sieur Pujos tire de l'article 22 de la loi du 26 mai était admise, il s'en suivrait que le prévenu, en ne signifiant pas ses pièces, pourrait paralyser, dans les mains du plaignant et du ministère public, les preuves écrites à l'appui de la plainte et de l'accusation, ce qui serait une conséquence absurde.

Qu'au surplus rien n'empêche le sieur Pujos d'alléguer, dans sa défense, les faits qu'il croira utiles à sa justification.

La Cour, ouï le sieur Pujos et son défenseur; ouï également M. l'avocat-général,

Déclare n'y avoir lieu d'entendre la lecture des pièces dont s'agit, qui, dans aucun cas, ne peuvent être produites au procès (1).

M. Pujos continue en ces termes la lecture de son discours :

Copie d'une pièce déposée aux archives de la Mairie de la ville de Mont-de-Marsan (Landes).

« L'an mil huit cent quatorze et le premier du mois de mars, nous soussignés *Pierre Vires*, premier adjoint, et *Vital Cadilhon*, second adjoint au maire de la ville de Mont-de-Marsan;

« Considérant qu'il importe essentiellement de consigner dans un procès-verbal le récit détaillé et sincère des circonstances qui ont précédé et accompagné l'invasion de l'en-

---

(1) M. Pujos ne pouvant lire textuellement ses pièces justificatives, prit le parti d'en raconter verbalement le contenu à l'auditoire, en ajoutant à la fin de chacune, *telle est la teneur de cette pièce qu'il ne m'est pas permis de vous lire.* Rien ne fut nié par M. l'avocat-général, qui eut même la bonté de permettre à l'accusé, sur sa demande, de lire les passages extraits de MM. *de Pradt*, *Beauchamp*, *Dupin* et du *Moniteur*.

nemi dans la ville de Mont-de-Marsan, certifions et attestons les faits suivans, sur notre honneur :

« Le lundi vingt-huit février mil huit cent quatorze, à sept heures du soir, la nouvelle de la prochaine arrivée de l'ennemi s'étant répandue, MM. le préfet, le sous-préfet et le maire quittèrent la ville avec les caisses publiques, les administrations, les militaires, la gendarmerie et la garde départementale ; en sorte que la ville, qui est sans défense et ouverte de toutes parts, ne put être gardée que par la cohorte urbaine, dont environ trente hommes seulement étaient armés de fusils dont la batterie *était dégarnie*, et qu'il était impossible de charger *faute de cartouches*.

« Les adjoints soussignés n'ayant reçu aucun ordre de départ, pensèrent que, pour maintenir le bon ordre et la tranquillité, ils devaient rester à leur poste jusqu'à l'occupation de la ville par l'ennemi. Ils se concertèrent avec les officiers de la garde urbaine pour établir un poste et faire circuler des patrouilles dans la nuit du lundi au mardi, ce qui fut exécuté en effet.

« Le mardi, 1.er mars, à sept heures du matin, les adjoints soussignés, informés que des malveillans profitaient du désordre pour voler des farines qui avaient été abandonnées dans les bateaux stationnés sur la rivière, envoyèrent un piquet de garde qui arrêta les suites de ce pillage.

« Le même jour, à onze heures et demie du matin, lesdits adjoints étant à l'hôtel de la mairie, une foule d'habitans y pénétrèrent avec tous les signes de l'effroi, annonçant que l'ennemi entrait dans la ville, et que tous les citoyens fuyaient çà et là dans les rues. Quelques minutes après, deux officiers de cavalerie, anglais, entrèrent à l'hôtel de ville, et demandèrent à parler aux officiers municipaux. On désigna les adjoints soussignés, à qui les officiers ennemis annoncèrent que deux ou trois régimens de l'armée anglo-portugaise devaient arriver dans la journée ; que ; deux heures avant leur arrivée, d'autres officiers se présenteraient pour déclarer la force effective des troupes qui marchaient sur la ville ; qu'au surplus, ils invitaient lesdits adjoints à rassurer leurs concitoyens, dont les personnes et les propriétés devaient être respectées. Après quoi, ces officiers remontèrent à cheval et disparurent à l'instant.

« Cependant la nouvelle de l'arrivée d'une colonne considérable avait jeté l'effroi, attendu que la ville était abandonnée sans défense, et qu'il n'y avait pas un seul militaire, ni même un gendarme, et que la garde urbaine ne pouvait opposer aucune résistance, d'après ce qui a été dit ci-dessus.

« Vers les deux heures de relevée, il arriva successivement plusieurs officiers ennemis, qui annoncèrent qu'une division entière marchait sur la ville, et ils demandèrent des billets de logement pour le maréchal *Béresford* et son état-major général. On leur indiqua les logemens qu'ils demandèrent. A quatre heures, le maréchal Béresford, accompagné d'un grand nombre d'officiers composant son état-major, se présenta à la mairie, et renouvela la promesse déjà faite par les premiers officiers, que la plus sévère discipline serait observée par les troupes qui étaient sous ses ordres. Les adjoints soussignés demandèrent au maréchal un entretien particulier, qu'il leur promit pour six heures du soir. Peu d'instans après, entra dans la ville une division ennemie, composée d'infanterie et de cavalerie, dont on ne peut déterminer la force avec précision, mais qui peut être évaluée à six mille hommes, au moins, d'après les divers renseignemens qu'on a pu recueillir.

« Les adjoints soussignés ont appris que les ennemis

s'emparèrent, dans l'après-midi, des magasins appartenant au Gouvernement, sans que lesdits adjoints aient participé, ni directement, ni indirectement à cette occupation.

« A six heures de relevée, ils se rendirent chez le maréchal Béresford, et lui déclarèrent que, ne pouvant trahir le serment de fidélité qu'ils avaient prêté à l'empereur, il leur était impossible de continuer l'exercice de leurs fonctions pendant l'invasion de l'ennemi, et qu'en conséquence ils les cessaient dès ce moment. *Le maréchal promit de procéder de suite à leur remplacement;* après quoi, les soussignés se retirèrent, cessèrent leurs fonctions, et n'ont plus reparu à l'hôtel de la mairie. Au surplus, ils doivent déclarer que leurs concitoyens étaient dans l'impossibilité absolue d'opposer de la résistance à l'ennemi, et qu'ils n'ont fait que céder à une force irrésistible. Ils déclarent, en outre, qu'ils ont consigné dans un procès-verbal séparé, les faits relatifs à la dilapidation des farines, imputée au nommé *Colon*, garde-magasin. Ils constatent également que les archives de la mairie ont été embalées par ordre de M. le préfet du département des Landes, mais qu'ils n'ont reçu personnellement aucun ordre de faire partir lesdites archives, et qu'ils n'ont pas connaissance que M. le maire ait reçu cet ordre; en sorte que les papiers de la mairie étant embalés, sont restés déposés dans des dépôts à cet effet préparés.

« De tout quoi nous avons dressé, en double minute, le présent procès-verbal, que nous attestons véritable; et attendu l'impossibilité de consigner ledit procès-verbal sur les registres de la mairie, nous en avons déposé un double en l'étude de Me *Broca*, notaire en cette ville, lequel nous en a donné décharge, et avons conservé l'autre double entre nos mains ; le tout pour servir et valoir ainsi que de raison.

Signé à la minute, VITAL-CADILHON et PIERRE VIRES.

Pour copie conforme, expédiée le 12 août 1820 :

L'Adjoint au Maire de la ville de Mont-de-Marsan,
Signé G. BERGERON.

Vu pour la légalisation, etc., etc. A Mont-de-Marsan, le 21 août 1820.

Le Préfet des Landes, Signé HUGUET.

Ce que ne dit pas avec détail ce procès-verbal, c'est ce que je vais dire, en m'appuyant du témoignage d'un magistrat respectable, alors procureur impérial à Mont-de-Marsan : c'est que les Anglais s'emparèrent de tous les magasins de l'armée qui défendait Bayonne et la frontière ; qu'ils les firent évacuer, pour leur propre compte, ou les vendirent à l'encan. Les avoines, les farines, les sels, les eaux-de-vie, tout fut leur proie. Les magasins de tabac même furent séquestrés et vendus *à leur profit.*

Ce que je dirai, c'est que depuis ces opérations spoliatrices, les employés de la régie du domaine et des droits réunis, poursuivirent un habitant fort riche, de Dax, et M. Darrou, de Mont-de-Marsan, pour leur demander la restitution des objets appartenant, disaient-ils, à l'Etat ; mais il fut prouvé que les Anglais avaient fait vendre tous ces objets à leur profit, et qu'ils avaient disposé, *pour leur propre compte* et *par droit de conquête*, de tous les approvisionnemens de notre armée, commandée par le maréchal Soult.

Ce que je dirai enfin, c'est que M. *Carrère* ayant été nommé préfet du département des Landes, en remplacement de M. Dangousse, par S. A. R. Mgr. le duc d'Angoulême, le nouveau préfet ayant ordonné à M. Bastiat-Toulouzette, alors sous-préfet de *Saint-Sever*, de proclamer Louis XVIII, ce magistrat ne crut pas devoir obtempérer à cet ordre sans consulter le lord Wellington; qu'il s'adressa à lui par écrit, pour savoir ce qu'il avait à faire, et que le général lui adressa la réponse suivante, très-remarquable, en ce qu'elle est postérieure de 19 jours, à l'occupation de Bordeaux.

Aire, 1.er avril 1814.

Monsieur le Sous-Préfet de St.-Sever,

« Je viens d'avoir l'honneur de votre lettre du 28 mars. Je n'ai rien à ajouter à la lettre que je vous ai écrite le 18 mars. Je n'ai nulle raison de croire que le congrès n'est pas toujours séant à Chatillon, ni que les puissances alliées, entr'autres celles desquelles j'ai l'honneur de commander les armées, *ne sont pas toujours disposées à faire la paix avec le Gouvernement actuel de la France.*

« Je ne puis donc m'engager à *protéger* ceux qui auraient fait la démarche que vous vous proposez à faire, et *je ne puis conseiller ni ordonner* qu'on fasse une démarche qui pourrait compromettre sérieusement les individus. »

Signé WELLINGTON.

Le 13 mars, on afficha à Mont-de-Marsan et autres lieux soumis à la domination de lord Wellington, la proclamation suivante :

PROCLAMATION

Par le feld-maréchal, marquis de Wellington, commandant en chef les armées alliées.

Au quartier-général, ce 13 mars 1814.

« Les juges et autres officiers de justice des départemens des Basses-Pyrénées et des Landes, doivent continuer à exercer leurs fonctions comme jusqu'à présent ; et il leur est permis de faire leurs procédés sur des papiers non timbrés, jusqu'à nouvel ordre. »

Signé WELLINGTON, etc.

Nous avons une consolation, Messieurs les Jurés, et je n'ai pas besoin de vous faire remarquer que, d'après le style des actes de nos vainqueurs, ce n'était pas du moins des Français qui leur prêtaient leurs plumes.......

Mais reprenons l'itinéraire de l'armée anglaise.

Le général Wellington, s'étendant à mesure que

les troupes françaises opéraient leur retraite devant lui, dirigea, le 7 mars, une colonne sur Pau, sous les ordres du major-général *Fane*, et, le 8, une autre colonne sur Bordeaux, sous les ordres du maréchal *Béresford*.

C'est ici, Messieurs, que je vais invoquer la notoriété publique ; c'est ici que je vais parler de faits connus de la majeure partie de nos concitoyens. Des témoins irrécusables, dont la plupart avaient été partie agissante dans ces événemens, vous les attesteraient à l'heure même, si le ministère public, profitant d'une illégalité due à mon aveugle confiance, n'avait usé de la rigueur de la loi pour leur fermer la bouche.

Le 12 mars, entre 9 et 10 heures du matin, trente cavaliers anglais traversèrent la ville, en passant au Chapeau-Rouge, les allées de Tourny et le cours des Chartrons, et allèrent prendre, vers le magasin des vivres, à Bacalan, quelques malheureux conscrits qu'on n'avait pas eu le temps d'évacuer, ou, pour mieux dire, du sort desquels on ne s'était pas occupé.

Entre 10 et 11 heures, l'avant-garde anglaise se présenta aux portes de la ville. Le poste de la garde urbaine, commandé par M. Ducorneau, croisa la baïonnette et refusa de laisser entrer les Anglais, n'ayant reçu aucun ordre de M. le maire, colonel de cette garde, et ne connaissant d'ailleurs l'existence d'aucune capitulation. M. le maire arriva bientôt, et ordonna de céder. Ce brave poste dut obéir à son chef : il ouvrit ses rangs, et l'avant-garde anglaise pénétra dans la ville.

Déjà M. le maire, qui s'était porté au-devant de l'ennemi, escorté du Conseil municipal, avait été abandonné de ceux d'entre ses membres qu'il n'avait pas mis dans le secret de la restauration, lorsqu'ils entendirent le maréchal Béresford prendre la ville comme à discrétion, *au nom du roi d'Angleterre*, et sans que personne eût stipulé de lui *aucune garantie pour elle.*

Alors l'illustre *Ferrère*, dont le barreau de Bordeaux doit conserver la mémoire, car le faible ne l'invoqua jamais en vain, s'écriait : *Recevons le Prince à bras ouverts, les Anglais à coups de fusils ;* mais cette voix généreuse, méconnue hier par le ministère public, fut étouffée ; je l'aurais prouvé encore, si mes témoins avaient été entendus.

Arrivé à l'hôtel de ville, et en présence des officiers supérieurs de la garde urbaine, le maréchal Béresford répondit à la demande qui lui fut faite de la permission d'arborer le drapeau blanc : *Que cela ne le regardait pas ; qu'il avait pris la ville au nom de S. M. britannique, et que, pour le surplus*, IL S'EN LAVAIT LES MAINS ; c'est ce qu'aurait déclaré M. Hardel, commandant la 2.e cohorte de la garde urbaine. Le maréchal ajouta : *Qu'on traitait à Chatillon avec Napoléon, et qu'en conséquence il ne pouvait agir au nom du Roi de France*. Ces paroles furent répétées, le même jour, dans le salon de M. Nathaniel-Johnston, ainsi que vous l'aurait également attesté M. Cazeaux.

Il est essentiel de remarquer, Messieurs, que S. A. R. Mgr. le duc d'Angoulême n'arriva à Bordeaux que huit heures après le maréchal Béresford, et après l'accomplissement de tous ces actes qui constituaient l'occupation *anglaise*.

Le 13 mars, les officiers de la garde urbaine se réunirent à la préfecture pour délibérer sur l'ordre qui leur avait été transmis par M le maire, de réunir la garde urbaine au Jardin-Public pour passer la revue du Prince. On sut bientôt que de graves discussions s'élevaient à cet égard. Ce fut en ce moment que M. le duc de Guiche, envoyé de S. A. R., fut introduit dans la salle du conseil, avec M. de Canove, pour annoncer, *au nom du Prince, qu'il n'avait pas d'ordre à donner; que ce n'était pas lui qui commandait à Bordeaux; mais qu'il serait bien aise, comme Français, de remercier ses compatriotes, au Jardin-Public, de l'accueil qu'il avait reçu.*

On vous aurait attesté, Messieurs, que, sur les observations de M. *Martignac*, officier de la garde urbaine et secrétaire du conseil, on se refusa à cette demande, et que tout service fut suspendu.

Le 14, le maréchal envoya chercher les officiers de la garde urbaine, et leur demanda par quels motifs ils avaient dissous la garde? Les officiers répondirent avec franchise : le maréchal approuva et loua leur conduite, et répéta encore textuellement : « *Je ne suis ici qu'au nom du roi d'Angleterre. Vous allez recommencer un service purement civil, pour la conservation des propriétés, et vous le ferez concurremment avec les troupes sous mes ordres et point d'autres.* » En conséquence, le maréchal Béresford ordonna aux chefs du corps de reprendre le service, mais *sans porter aucune cocarde*, *ni blanche*, *ni tricolore*, dans ou hors du service; en habit ou chapeau d'uniforme. Cela serait résulté encore du témoignage de MM. les officiers supérieurs de la garde urbaine, *Otard*, *Hardel*, *Dalbusset* et autres.

Le service de la garde urbaine fut donc repris, conformément à cet ordre. Les troupes anglaises et la garde urbaine se partagèrent les postes. Elles avaient *seules* les mots d'ordre et de ralliement; aucune autre troupe n'avait d'existence légale reconnue par lord Béresford; d'où il résulte que les Anglais *restaient toujours étrangers au mouvement entrepris pour la restauration*, et au lieu d'en recevoir l'impulsion, *agissaient à part et pour leur propre compte.*

Ce qui prouve qu'aucune autre troupe n'avait d'existence légale aux yeux du maréchal Béresford, c'est qu'un détachement de la garde qui se disait *garde royale*, fut rencontré la nuit par un poste de la garde urbaine; on le fit venir à l'ordre : il ne l'avait point, parce que les Anglais, ne reconnaissant officiellement aucun acte de la restauration, n'avaient aucune communication avec cette garde royale. Le poste de la garde urbaine arrêta le détachement royal, le retint prisonnier jusqu'au jour, et fit, le lendemain, son rapport au commandant anglais, d'après les lois militaires.

M. le maire prétexta de tout ceci la possibilité d'une guerre intestine, si la garde urbaine était conservée. Il en provoqua, en conséquence, le licenciement auprès des autorités anglaises, et *non auprès du duc d'Angoulême ;* et voici en quels termes M. Lynch annonça à M. Hardel, chef de cohorte, l'ordre donné par *lord Dalhousie*, à cet effet :

Bordeaux, 20 mars 1820.

A M. Hardel, commandant la 2.e cohorte.

Monsieur,

« S. Exc. le général commandant en chef, me fait l'honneur de m'informer, par sa lettre de ce jour, que, par suite de la mesure *qu'il a prescrite*, il met à ma disposition un capitaine, quatre subalternes et deux cents hommes, pour remplacer la garde urbaine de service aujourd'hui.

« Je vous prie, Monsieur, de vouloir bien indiquer, *en vertu des ordres de S. Exc.*, à l'officier porteur de cette lettre, quels sont les postes où la garde urbaine doit être relevée.

J'ai l'honneur, etc.

Signé le comte LYNCH.

Ici commencent, Messieurs, les actes de spoliation de la part de l'armée anglaise. Nos propriétés publiques sont mises sous les scellés; on fouille les magasins, pour rechercher les tabacs qu'on disait appartenir au Gouvernement; on qualifie du nom de *bâtimens de guerre*, des bâtimens appartenant à des particuliers; on confisque des propriétés particulières données au Gouvernement en nantissement de sommes prêtées par lui aux propriétaires, et nous goûtons enfin les fruits amers de la conquête.

Que pourraient maintenant alléguer les auteurs du 12 mars, pour compenser tant de maux que nous valut leur imprudente confiance? Peuvent-ils dire qu'au moins les Anglais favorisaient de leur appui la restauration de l'ancienne monarchie? Non, Messieurs, cette excuse leur est enlevée; les Anglais restent spectateurs impassibles des démonstrations en faveur de la restauration.

Il semble toutefois que le moment est opportun. Le nom du grand Henri a réveillé d'anciens souvenirs de gloire et de bonheur. Un de ses descendans est parmi nous. L'espoir d'une sage liberté se glisse au milieu des inquiétudes que la prudence inspire. Le général l'Huillié est éloigné (1) ; la Cour impériale s'est réfugiée à Périgueux ; les receveurs généraux et particuliers ont suivi leur exemple ; la garde urbaine est licenciée. L'armée anglaise se trouve ainsi renforcée de volontés qu'aucune influence ne peut plus comprimer. L'heure est arrivée où des tergiversations ne seraient plus que du machiavélisme..... J'ouvre ses actes ; je vais y trouver sans doute le nom du Prince qui, seul, pouvait les légitimer.... Que vois-je ! un fils de France, un héritier du trône, forcé de demander à un général anglais en quelle qualité il lui était enfin permis de rallier les cœurs et de diriger leur dévouement ; et vous allez apprendre, par la réponse de cet allié prétendu, que toute l'autorité de S. A. R., dans nos murs, se bornait à des *actes administratifs*, qui ne liaient en rien le vainqueur.

---

(1) Ce général commandait la garnison de Bordeaux, et se retira, en vertu d'ordres supérieurs, à l'approche de la colonne anglaise.

Voici cette réponse :

MAIRIE DE BORDEAUX.

Copie d'une lettre de mylord Dalhousie à S. A. R. Mgr. le duc d'Angoulême.

Bordeaux, 17 mars 1820.

MONSEIGNEUR,

« En réponse à la question que V. A. R. m'a faite ce matin, je demande la permission de dire que je ne me considère ici *que sous le point de vue militaire, et occupant cette ville comme un poste de l'armée de lord Wellington*, et que je regarde l'administration civile et toutes les mesures qui y appartiennent, comme reposant entre vos mains. »

J'ai l'honneur d'être, etc.

Signé DALHOUSIE, lieutenant-général.

Ma cause entière, à défaut d'autres pièces, est jugée par celle-ci. Lord Dalhousie vous dit, *ce 17 mars, qu'il ne se considère à Bordeaux que sous le point de vue militaire, et occupant cette ville comme un poste de l'armée de lord Wellington.*

Corroborons cette assertion des actes subséquens de l'autorité anglaise. L'ordre suivant frappe mes yeux :

« Monsieur Renau est autorisé *par moi*, de *saisir* et d'emmener au Château-Trompette les poudres qu'il pourra trouver à Lormont. »

Signé DALHOUSIE, lieutenant-général.

Bordeaux, 19 mars 1814.

Je continue. Une nouvelle proclamation vient augmenter mes preuves.

PROCLAMATION

Du feld-maréchal, marquis de Wellington, commandant en chef des armées alliées.

« Les autorités constituées dans les villes et villages du territoire français doivent continuer leurs fonctions jusqu'à nouvel ordre.

« En cas que les personnes qui les ont remplies jusqu'à présent se soient retirées avec l'armée française, ou que des personnes désirent de quitter leur emploi, les villes et villages le feront savoir *au commandant en chef* de l'armée alliée, *qui prendra des mesures en conséquence.*

« Les personnes qui continuent à remplir leurs fonctions, et celles qui seront nommées pour les remplir, doivent se rappeler qu'il ne leur est pas permis d'avoir aucune espèce de communication avec l'armée française, *ni avec aucune autorité du Gouvernement français.*

Signé WELLINGTON.

« Selon les valeurs auxquelles la monnaie française a

circulé en Espagne, et les calculs qui ont été faits, il paraît que le franc ayant circulé pour 3 *réaux* et 24 *maravédis*, la piastre forte de 20 *réaux de vellon* vaut et doit circuler pour *cinq francs et huit sols*, et la guinée anglaise (qui vaut 4 piastres fortes et 2/3 ou 93 *réaux de vellon et* 12 *maravédis*) vaut et doit circuler pour 25 francs et 4 sols. »

Signé WELLINGTON.

« Art. I.er Les communes qui désireront former une garde communale dans leurs communes, pour faire la police et conserver la sûreté des propriétés, feront savoir leur désir au *commandant en chef*, en y constatant le nombre des personnes dont la garde doit être composée.

« Art. II. La garde communale doit, en tous cas, agir *sous les ordres directs du maire*, qui sera responsable de sa conduite.

« Art. III. En cas que les traîneurs, les muletiers ou autres attachés à l'armée fassent du mal, les maires sont appelés à les faire arrêter par la garde communale, et à les envoyer ou *au quartier-général*, ou *au général commandant la division la plus proche*, avec les pièces qui peuvent constater le dégât qui a été fait, afin que ceux qui font le mal puissent être punis, et qu'ils paient le dommage qu'ils auront fait. »

Signé WELLINGTON, etc. (1).

Voilà, Messieurs, la seconde proclamation qui passe sous vos yeux. Vous y cherchez en vain le nom du Prince, dont de pareils actes devaient

---

(1) A Bordeaux, de l'imprimerie de Racle.

émaner, dans le système de mes accusateurs; et vous serez frappé, comme je l'ai été moi-même, qu'un précédent, indispensable dans ce système, n'ait pas marqué l'entrée des prétendus alliés de S. M. Louis XVIII sur notre territoire, et que le premier de leurs actes n'ait pas été explicatif du but politique que mes accusateurs leur prêtent.

Lorsque Louis XIV voulut placer sur le trône d'Espagne un Pr nce de sa famille, l'armée française que le monarque envoya à la conquête de ce trône fut précédée par une proclamation au nom du Prince qu'elle appuyait; le compétiteur du duc d'Anjou fit une proclamation de son côté, et la question, ainsi éclaircie, les Espagnols purent suivre l'impulsion de leurs cœurs et se décider en connaissance de cause.

Lorsque, plus tard, le même monarque voulut défendre, en Angleterre, le dogme de la légitimité royale contre le dogme de la souveraineté nationale, qui par événement l'emporta, une proclamation fut également faite au nom de Jacques II, et les Anglais ne purent voir dans l'armée française qui prêtait au monarque dépossédé l'appui de son courage, que l'alliée du prince qui débattait ses droits, et purent l'accueillir sans compromettre leur honneur, ou la combattre sans suspecter ses intentions.

Lorsqu'en 1792, l'armée prussienne envahit nos

frontières, elle se fit précéder d'un manifeste, au nom du roi dans l'intérêt duquel elle disait prendre les armes; et si les Français ne répondirent à l'appel du Prince de Brunswick qu'en détruisant son armée, il ne le dut sans doute qu'à la haute insolence qui en avait dicté les expressions.

Jusqu'à présent nous n'avons rien vu de semblable dans les actes de l'armée anglaise; nous n'y verrons rien de semblable encore, et nous pourrons toujours affirmer que ce n'était pas dans les intérêts de la restauration que les Anglais suivaient le cours de leur fortune.

Je jette une nouvelle lumière sur la vérité de mon assertion.

MAIRIE DE BORDEAUX.

« D'après *les ordres de Son Excellence le général commandant le 7.e corps de l'armée alliée*, M. le maire de la ville de Bordeaux prévient ses concitoyens, qu'ils sont tenus de déposer les armes à feu et les armes blanches qui sont en leur pouvoir, soit à la préfecture, soit à l'hôtel de ville.

« Les propriétaires de ces armes pourront les marquer ou y mettre leur nom, afin de pouvoir les retirer.

« Il est accordé vingt-quatre heures pour cette remise, à dater du 24 de ce mois.

« Ceux qui ne se seront pas conformés au présent avis, dans le délai fixé, s'exposent à être considérés, *par S. Exc.*

le général commandant le 7.e corps de l'armée alliée, comme ennemis des troupes sous son commandement, et traités comme tels. »

Fait à l'hôtel de ville, le 23 mars 1814.

Signé, le comte LYNCH, maire.

Pour copie conforme :

L'adjoint du maire, délégué pour la police de sûreté,

Signé E. LABROUE (1).

Sans doute que, soit confiance, soit plutôt la crainte d'être considérés, non comme ennemis du Roi (l'arrêté de M. le maire n'en disait rien), mais *comme ennemis du 7.e corps de l'armée anglaise*, et d'être *traités comme tels*, quelques citoyens s'empressèrent de déposer les armes de toute nature qui étaient entre leurs mains. Ici du moins lord Dalhousie ne voulut pas être en reste de générosité envers M. le maire, et la lettre du général, *modificative* de l'arrêté du magistrat, ne put manquer de produire le meilleur effet sur les esprits.

En voici les termes :

MAIRIE DE BORDEAUX.

« Le lieutenant-général lord Dalhousie, trouve que les ordres de délivrer les armes ont été mal conçus.

(1) Extrait du *Mémorial Bordelais*, seul Journal officiel en 1814, du jeudi, 24 mars, N.° 6, f.° 2.

« Les armes dont il a voulu parler, sont celles à l'usage des troupes d'infanterie et de cavalerie.

« Toutes les armes d'une autre nature, qui ont été déposées, seront rendues immédiatement, sur la demande des personnes à qui elles appartiennent (1). »

En ce moment, les dates commencent à devenir importantes.

La rupture du traité de Chatillon avait eu lieu le 15 mars.

L'entrée des alliés à Paris s'était opérée le 30.

L'acte du sénat qui déliait les Français du serment de fidélité à Napoléon, avait été promulgué le 1.er avril.

L'acte d'abdication pure et simple, et sans restriction, de Napoléon au trône de France, pour lui et les siens, portait la date du 11 avril; et *le* 14 *du même mois*, l'ordre du jour suivant souillait nos feuilles publiques :

AVIS A TOUS LES MAGISTRATS ET AU PUBLIC.

Extrait d'une lettre de M. Ogylvie, *commissaire-général à Bordeaux, au maréchal Béresford.*

« Le maire de La Teste a refusé de laisser embarquer en ce port le porteur des dépêches du maréchal, sous

---

(1) Extrait *du Mém. bord.*, samedi, 26 mars 1814, N.o 28, f.o 4.

prétexte qu'il n'était pas accompagné de forces suffisantes pour lui en intimer l'ordre. »

Extrait d'une lettre adressée par S. Exc. le feld-maréchal, marquis de Wellington, au lieutenant-général, comte de Dalhousie, *commandant la 7.e division.*

« Je vous envoie un rapport que le maréchal a reçu, relativement à la conduite du maire de La Teste.

« Vous prendrez ce maire prisonnier, et vous l'enverrez *à mon quartier-général.* S'il est nécessaire de faire porter des forces militaires pour forcer les maires des villages à se rendre, *ils doivent être considérés comme militaires et faits prisonniers de guerre; et c'est de cette manière que j'agirai avec eux.* Dès que le maire de La Teste sera arrivé *à mon quartier-général*, je le ferai partir *pour l'Angleterre*, comme *prisonnier de guerre.*

Pour copie conforme :

Signé DALHOUSIE, lieutenant-général.

Par ordre de S. Exc. le feld-maréchal, marquis de Wellington (1).

Il n'entre point dans mon sujet, Messieurs, d'examiner jusqu'à quel point la conduite de M. le maire de La Teste, qui n'avait d'ordres à recevoir, en ce moment, que du Roi ou de son auguste lieutenant, avait pu blesser l'irritabilité d'un général que nos complaisances avaient na-

(1) Mémorial Bordelais, 14 avril 1814, N.° 26, fol.° 2.

turellement gâté; mais vous jugerez, comme moi, ou que le maire de La Teste ne devait aucune obéissance aux ordres de Wellington (et vous censurerez alors l'illustre général qui se les permettait), ou il faudra reconnaître cette vérité que je manifeste à regret, quoiqu'elle me justifie, c'est que l'armée anglaise usait d'un droit qui lui avait été assuré par la conquête.

En vous rendant compte de l'entrée des Anglais à Mont-de-Marsan, j'ai cité un fait relatif à M. *Bastiat de Toulouzette*, alors sous-préfet à *St.-Sever*, et la lettre écrite à ce magistrat par lord Wellington. Vous avez vu avec quelle apparence de franchise les Anglais expliquaient leurs intentions, et modéraient l'excès d'un zèle qui pouvait devenir funeste : vous avez vu que ce système politique était suivi à Bordeaux ; il devait l'être encore à Toulouse, *postérieurement d'un mois à notre occupation ;* et je vais appuyer cette assertion d'un témoignage qui, en considération du rôle actif que son auteur a joué dans les intérêts de la restauration, paraîtra de quelque poids à vos yeux.

Je tire ma preuve *du Récit historique sur la restauration de la royauté en France, le* 31 *mars* 1814 (1).

(1) Par M. *de Pradt*, ancien archevêque de Malines. Imprimerie de Mad. veuve Perronneau, quai des Augustins, N.° 39, Paris 1816.

« En ce moment, les souverains alliés venaient de conquérir la capitale, et étaient réunis chez M. de Talleyrand, où avaient été également introduits MM. le baron Louis et *de Pradt* (pag. 68).

Ecoutons M. de Pradt :

« L'*empereur Alexandre*, dit-il (page 64), après avoir exprimé les magnanimes intentions qui animaient les alliés, dit à M. de Talleyrand, qu'il n'avait pas voulu arrêter une détermination définitive auparavant d'en avoir conféré avec lui ; qu'il y avait trois partis à prendre :

« 1.° Faire la paix avec Napoléon, en prenant toutes les sûretés contre lui ;

« 2.° Etablir la régence ;

« 3.° Rappeler la maison de Bourbon.

« M. de Talleyrand s'attacha à faire sentir les inconvéniens des deux premières propositions et à les ruiner dans l'esprit du conseil devant lequel il parlait. Il passa ensuite à l'établissement de la troisième, comme la seule chose qui convînt, qui fût désirée, et qui pût être acceptée généralement, etc....

« On ne lui contesta pas les convenances (pag. 65), mais bien l'existence d'un désir dont on n'avait pas trouvé la manifestation sur toute la route traversée par l'armée, dans laquelle, au contraire, la population s'était prononcée d'une manière hostile. . . . .

. . . .

« On résistait donc à l'idée que le rappel de la maison de Bourbon ne fût pas contrariée par les dispositions d'un très-grand nombre de personnes.

« Il faut expliquer cette résistance (p. 66, *note*), ou plutôt cette réserve, non pas d'un éloignement quelconque pour le rétablissement de la maison de Bourbon, au contraire, il était désiré ; mais de l'impression subsistante et profondément gravée dans les esprits,

« 1.° De ne pas établir de contradiction avec les actes publics, *qui tous n'avaient eu rapport qu'à l'établissement de la paix ;*

« 2.° De n'imposer aucune loi aux Français ; de s'assurer de leurs dispositions véritables avant de se fixer à une détermination dont les suites devaient être si grandes ;

« 3.° De faire une chose solide et réalisée promptement. Les souverains étaient en campagne depuis deux ans ; ils étaient loin de chez eux ; il fallait faire vîte et sûrement, pour n'être pas obligé de recommencer ou d'attendre trop long-temps.

« A cette époque, l'idée des étrangers était qu'il fallait faire la paix ; lier strictement Napoléon, et prendre deux ou trois ans pour le détruire, etc..... Leur sincérité dans les négociations avec Napoléon était telle, que lord Wellington prévint la députation de Bordeaux, qui lui fit part de son intention de recevoir le duc d'Angoulême, *qu'elle eût à bien peser sa démarche, parce qu'on traitait avec Napoléon ;* et que ce général, pour éviter tout mal-entendu qui pourrait compromettre, soit les villes, soit quelques particuliers, remit à la municipalité de Toulouse, lorsque la bataille du 10 avril l'eut rendu maître de cette ville, un avis par écrit, pour lui faire connaître les dangers que l'on courait, par l'exposition des couleurs et des signes royalistes, qui se montraient en grand nombre.

« La députation de Bordeaux *n'avait pas tenu compte de ses observations,* et même les avait présentées *dans un sens absolument contraire.* Il désirait prévenir à Toulouse les inconvéniens d'une fausse interprétation.

On vous dira peut-être, Messieurs les jurés, que l'autorité de M. Pradt, que vous avez vu assis dans le conseil des souverains, n'est-pas assez grave pour que vous puissiez adopter ses assertions comme des preuves incontestables. Eh bien! je vais appuyer M. de Pradt de l'autorité de M. *de Beauchamp*, historien d'un royalisme éprouvé, et la coïncidence de leur récit ne pourra plus laisser de doute sur la vérité du fait qu'ils rapportent également.

Or, Messieurs, j'ouvre M. de Beauchamp, et voici ses expressions (1):

Il s'agissait d'une députation que les gentilshommes Toulousains avaient envoyée à lord Wellington, après que la bataille du 10 avril l'eut rendu maître de Toulouse.

« Arrivé à *Lancegnat*, quartier-général de Wellington, le gentilhomme Toulousain (M. *d'Arbou*) est présenté au général anglais par le major *Mac-Mahon*; il lui parle en ces termes : *Mylord, les habitans de Toulouse viennent de se montrer dignes du nom français : ils ont reconnu Louis XVIII pour leur souverain légitime ; le seul drapeau blanc sera désormais celui des fidelles Toulousains. Venez, mylord, venez jouir du bonheur dont nous vous sommes redevables !*

---

(1) Histoire des Campagnes de 1814 et 1815, par M. Alphonse de Beauchamp. Paris, Lenormant, imp.-lib., 1816, vol. 2, p. 466.

« Cette déclaration alarma la prudence du général anglais, qui était encore dans une ignorance complète des événemens de Paris. *Vous avez agi avec bien de la précipitation*, dit-il à l'envoyé Toulousain ; *ignorez-vous qu'on traite à Chatillon avec Buonaparte ? S'il obtient la paix, que deviendrez-vous ?*

Je ne quitte pas encore M. de Beauchamp, et j'arrive au 12 avril, époque de l'entrée triomphale à Toulouse du général Wellington.

« Wellington, dit M. de Beauchamp, entra à cheval avec son cortége dans la cour du Capitole. A l'instant il est enlevé, transporté par le peuple dans toutes les salles, et présenté plusieurs fois au balcon, à la foule assemblée. L'ivresse est générale. Enfin, il prend place et reçoit le Conseil municipal.

« Organe de ses concitoyens, M. *Lannelue*, premier adjoint du maire, implore, dans une courte harangue, la protection de l'illustre général, en faveur d'une ville que, par sa modération, il avait rendue à jamais l'amie de la nation britannique ; mais l'orateur gardant le silence sur l'élan courageux des Toulousains en faveur de leurs maîtres légitimes, sa voix est couverte à l'instant par les cris répétés de *vive le Roi ! vivent les Bourbons !*

« *Braves habitans de Toulouse*, répond Wellington, *je serais fâché que des Français si dévoués à la cause de leur Roi, fussent la victime d'un zèle empressé, mais louable. Je ne dois pas vous dissimuler qu'on traite encore à Chatillon, et qu'on regarde* LA PAIX AVEC BUONAPARTE *comme une* CHOSE POSSIBLE. *Je vous soutiendrai néanmoins autant qu'il pourra dépendre de moi ; mais peut-être le temps n'est-il pas encore venu d'exprimer avec cette énergie vos nobles sentimens* (1). »

Il est donc historiquement démontré, Messieurs, que, depuis son entrée en France jusqu'au 12 avril inclusivement, Wellington ne conseillait, ni n'appuyait aucun mouvement en faveur des Bourbons.

Cependant, malgré l'évidence de tous ces faits qui se pressent en faveur de ma proposition, m'objectera-t-on que les devoirs impérieux de la politique, prescrivant à Wellington la marche qu'il s'était tracée et que lui imposait la coalition, qui avait d'autres intérêts, c'est dans ses rapports directs avec son gouvernement que j'aurais pu trouver l'indication des vœux, au moins, si ce n'est des actions de Wellington en faveur de la restauration ?

Mes accusateurs seront encore déçus dans cette espérance ; et l'évidence de la conquête va précisément ressortir de tout ce qu'on pourrait croire devoir lui être contraire.

Voici en quels termes lord Wellington rendait compte à son gouvernement de la soumission de Bordeaux : (Je traduis.)

---

(1) Histoire des Campagnes, etc., tome 2, page 468.

Gazette extraordinaire de Londres.

Mardi, 22 mars 1814.

MINISTÈRE DE LA GUERRE.

Douning-Street, 22 mars 1814.

« Les dépêches dont nous donnons les extraits suivans ont été reçues aujourd'hui, et adressées au *comte Bathurst*, par le marquis de Wellington, à la date d'*Aire*, 13 mars 1814.

Aire, 13 mars 1814.

« Le mauvais temps excessif, et les pluies violentes tombées au commencement du mois, ayant enflé toutes les rivières à un degré extraordinaire, et rendu difficile et longue la réparation des ponts nombreux que l'ennemi avait détruits dans sa retraite, et les différentes parties de l'armée étant sans communication entre elles, j'ai été obligé de faire halte.

« Après l'affaire avec le lieutenant-général sir Bowland Hill, le 2 du courant, l'ennemi s'est retiré vers *Tarbes*, par les deux rives de l'*Adour*, dans l'espoir probable d'être joint par des détachemens de l'armée du maréchal *Suchet*, qui a évacué la Catalogne dans la dernière semaine de février.

« Sur ces entrefaites, j'ai fait marcher, le 7 du courant, un détachement, sous les ordres du major-général *Fane*, pour prendre possession de Pau; et un autre, le 8, sous les ordres du maréchal *sir William Béresford, pour prendre possession de Bordeaux.*

« J'ai le plaisir d'informer V. Exc. que le maréchal est

arrivé hier dans cette ville (les petites forces qui y étaient ayant passé de l'autre côté de la Garonne, dans la soirée précédente), et que cette place importante *est en notre possession* (1).

« Quatre-vingt-quatre pièces de canon ont été trouvées dans la place, et on a déjà recueilli une centaine de caisses d'armes cachées. »

Mais ce n'est pas tout encore; car, dans cette triste exploration, je ne peux faire un pas sans heurter sur un Anglais, ou trébucher sur une humiliation.

Vous vous rappelez la mise sous les scellés de toutes les propriétés publiques, acte qui, par lui seul, constituait la conquête incontestablement.

Je n'ai pas besoin de rappeler non plus ce que la ville entière a vu des efforts du général anglais, pour faire échouer un bâtiment marchand que vous aurez occasion de voir bientôt élevé à la dignité de *corvette*, et que les Anglais avaient désespéré de faire passer avec sécurité, ainsi que tous les autres bâtimens de la rade, sous les batteries fidelles de la citadelle de Blaye (2).

---

(1) En anglais : *and that this important city*, IS IN OUR POSSESSION.

(2) Le brave commandant de Blaye a seul sauvé tous les bâtimens de la rade; car, sans les canons de la citadelle, les Anglais les auraient indubitablement mis en mer; et l'héroïque désintéressement de Wellington, qui voulut bien renoncer à ces bâtimens qui lui appartenaient *par le droit de la guerre*, éclata quand il fut reconnu à-peu-près impossible de les amener.

Vous vous rappelez également que le 3 mai, la restauration est complète ; notre Monarque a revu le palais de ses ancêtres ; la France entière est réunie sous le sceptre des Bourbons : eh bien ! Messieurs, le fait de l'*occupation* va se renforcer encore ; et c'est de la bouche du premier magistrat de notre ville que je vais en recueillir l'aveu. Nous sommes au 12 juin, et voici ce que je trouve dans les registres de la préfecture :

PRÉFECTURE.

Lettre de M. le préfet de la Gironde à M. le maire de Bordeaux.

MONSIEUR LE MAIRE,

« Je m'empresse de vous faire savoir que M. le commissaire-général de l'armée anglaise, Ogylvie, vient de m'annoncer que S. Exc. lord Wellington *renonce à l'exercice des droits de la guerre* sur les vaisseaux *marchands* et leurs *cargaisons* qui se trouvaient dans le port de Bordeaux au 12 mars. La même disposition s'étend aux navires de guerre et aux munitions qui se trouvaient à l'arsenal.

« J'ai été sur-le-champ à la Bourse avec M. Ogylvie, pour faire part aux négocians de cette heureuse nouvelle, qui a été accueillie aux acclamations générales de *vive lord Wellington ! vive l'armée anglaise !*

« *Il est bien heureux pour nous* de voir disparaître les derniers germes qui pouvaient altérer le rapprochement de deux nations aussi grandes que généreuses, et faites pour s'estimer.

« Je vais aller, *avec une députation* de la chambre de commerce, remercier Son Excellence.

« Je m'en rapporte à votre sagesse pour prendre les moyens les plus prompts de faire connaître aux habitans de Bordeaux, qu'ils doivent être entièrement rassurés sur la propriété de leurs navires, et qu'ils peuvent en disposer librement, et les inviter à se livrer à la joie pure et sans mélange que doit exciter la présence, au milieu d'eux, du *grand homme* qui, après avoir contribué, *par ses victoires*, au rétablissement de l'auguste maison de Bourbon, vient cimenter, comme ambassadeur, l'union inaltérable des deux peuples.

« J'ai l'honneur, Monsieur le maire, de vous saluer avec une considération très-distinguée,

Le préfet de la Gironde,

Signé le baron de VALSUZENAI (1).

Certes, Messieurs, toute contestation devient ici inutile. M. *de Valsuzenai* reconnaît au *grand homme* un droit *avoué par la guerre;* et rien ne brille d'un aussi grand éclat, si ce n'est la générosité du *grand homme* qui veut bien y renoncer.

Hélas! cette générosité n'était que pour la forme. Les propriétés publiques restent sous les scellés; et, *le* 18 *juin* 1816, M. W. Pennell,

(1) Mémorial Bordelais, 12 juin 1814, N.º 84, page 4.

consul de S. M. britannique, adresse la réponse suivante à M. *de la Corbière*, directeur des contributions indirectes, qui lui avait demandé l'autorisation de déranger des tabacs *appartenant au grand homme, en vertu du droit de la guerre*, auxquels toutefois *il avait renoncé le* 11 *juin* 1814; renonciation accueillie, comme vous l'avez vu, aux acclamations de *vive lord Wellington! vive l'armée anglaise!* sans un seul cri de *vive le Roi!* et avec accompagnement obligé de la députation qui fut porter aux pieds du *grand homme* l'expression de notre vive gratitude.

CONSULAT BRITANNIQUE.

Bordeaux, 18 juin 1816.

MONSIEUR,

« J'ai reçu la lettre que vous m'avez fait l'honneur de m'adresser, en date d'hier, par laquelle vous me demandez de commettre quelqu'un pour faire ranger des tabacs qui se trouvent au moulin de Bacalan, dans un plus petit espace qu'ils occupent actuellement, afin d'y pouvoir placer deux cargaisons. En conséquence, j'ai l'honneur de vous informer que je viens de nommer pour mes agens, *et pour surveiller cette opération*, M. Tompson, mon vice-consul, et M. Hyver, mon secrétaire; lesquels se transporteront sur les lieux, jeudi prochain, 20 du courant, à deux heures après midi, et auxquels *je donnerai mes instructions à cet effet.*

Veuillez agréer, Monsieur, l'assurance de ma haute considération.

Le consul de S. M. britannique,

Signé W. PENNELL.

A Monsieur de la Corbière,
Directeur des contributions indirectes,
à Bordeaux.

Or, maintenant, Messieurs, il faut que vous sachiez jusqu'à quel excès de désintéressement était allé le gouvernement anglais dans l'évaluation des objets saisis à Bordeaux, et qui lui appartenaient *par le droit de la guerre*. Mais tout en demeurant pénétré, comme je le suis moi-même, de la générosité de nos alliés, vous déplorerez que la connaissance de ces faits ne soit pas parvenue jusqu'à mes accusateurs, pour les engager à abandonner le système d'accusation par lequel ils sont entraînés à soutenir, contre l'évidence, que les Anglais prirent possession de notre ville au nom de Louis XVIII, le 12 mars 1814.

M. *Ch. Dupin*, membre de l'institut, et chargé par le Gouvernement d'une mission toute patriotique en Angleterre, vient d'enrichir la France de ses observations et de ses recherches sur la force militaire de la Grande-Bretagne.

C'est dans cet important ouvrage que nous trouverons le mot d'une énigme que la Chambre des députés chercha en vain dans l'entortillage des explications qui lui furent données par M. *Lainé*, à l'occasion de la discussion de l'avant-dernier budget.

« La chambre des communes, dit M. Dupin (1), a donné l'ordre d'imprimer un mémoire, présenté, sous le nom de Wellington, au ministère de la guerre et des colonies, pour recevoir, en argent, la valeur des prises faites dans les campagnes de la dernière guerre. On voit, par ce mémoire, que le général faisait évaluer toutes les propriétés publiques *meubles* qui tombaient entre ses mains ou celles de sa troupe, afin d'en recevoir la valeur en argent des mains de son gouvernement. Ces prises sont estimées,

1.° Armes et munitions de guerre	285,908^{l}	16^{s}	2^{d}	3/4
2.° Provisions, vivres, fourrages, bagages, etc., ramassés sur le champ de bataille ou capturés dans diverses villes.	150,000	»	»	»
3.° En France	139,868	3	7	3/4
4.° *Propriétés publiques de* LA VILLE DE BORDEAUX.	107,026	10	»	»
5.° Bâtimens de guerre PRIS A BORDEAUX .	81,095	»	»	»
6.° Bâtimens marchands PRIS A BORDEAUX .	96,768	»	»	»
7.° Navires américains PRIS A BORDEAUX . .	22,048	»	»	»
8.° Or et argent pris en diverses places. . .	33,735	12	8	»
Valeur totale des réclamations.	916,450^{l}	2^{s}	6^{d}	1/2

C'est-à-dire, à-peu-près 23 *millions de francs*.

---

(1) Voyages dans la Grande-Bretagne, tom. 1.er, chap. III. *Pertes de l'armée en temps de guerre; prises*, pag. 249 et 250. Paris 1820.

Et ce qui forme, pour ce qui regarde Bordeaux seulement, sans y comprendre les bâtimens américains, une somme de 284,889 l. 10 s. sterling, ou *sept millions trois cents et quelques mille francs* de notre monnaie.

« Cet état, poursuit M. Dupin, est un monument historique extrêmement curieux. Il fait voir d'abord que quand les Anglais sont entrés dans Madrid et dans les autres grandes places de l'Espagne, considérant que le matériel militaire était la propriété, non des Espagnols, mais des Français, ILS ONT CAPTURÉ POUR EUX CE MATÉRIEL.

« On voit, par le même mémoire, l'armée anglaise EXPLOITANT LA VILLE DE BORDEAUX, s'emparant des navires marchands qui se trouvent sur la Garonne, et regardant comme un acte d'une grande générosité de n'avoir pas saisi les *ci-devant cargaisons* que les propriétaires avaient débarquées et emmagasinées peu de jours avant la prise de la ville. »

Ainsi donc, Messieurs, il est clairement avéré, si jamais quelque chose d'avéré exista dans le monde, que lord Wellington réclama de son gouvernement *sept millions et quelques cents mille francs* pour son droit de conquête de la ville de Bordeaux; mais ce que peut-être vous ne vous rappelez plus, c'est que la réclamation de lord Wellington *ricocha* de son gouvernement sur le nôtre; c'est que cette réclamation devint l'objet *d'une négociation délicate*, et qu'enfin, nous en fûmes quittes pour la bagatelle de *deux millions deux cents mille francs*, qui furent ajoutés au budget de 1818.

C'est par la preuve de cette assertion que je vais terminer tout ce que cet examen a eu pour moi de pénible, à la fois, et de concluant.

SESSION DE 1818.

CHAMBRE DES DÉPUTÉS.

Séance du 21 mai 1819.

M. *le président* lit la disposition du tableau qui énonce l'article suivant de supplément.

« Paiemens faits en Angleterre, en exécution de la convention du 1.er septembre 1817.

« M. *Beugnot* demande des explications sur la nature de ce traité. La chambre des communes d'Angleterre connaît tous les traités; la Chambre des députés a les mêmes droits. (Appuyé).

« M. *Lainé* donne les renseignemens demandés. Déjà, dit-il, le rapport au Roi, par M. le ministre des finances, et le rapport de la commission ont donné des détails satisfaisans; mais si la Chambre en désire de plus étendus, je vais les lui donner.

« Les causes du traité du 1.er septembre 1817 sont bien plus éloignées que sa date. En 1814, l'armée anglaise étant entrée dans Bordeaux, saisit des marchandises, remises au Gouvernement en nantissement de sommes prêtées aux cultivateurs. Elle saisit des vins, du tabac, du sel, *et le commissaire-ordonnateur de cette armée apposa les scellés sur ces marchandises.* Une *corvette*, *le Requin*, fut capturée ; et les habitans de Bordeaux obtinrent que les objets seraient gardés sans qu'on y touchât, jusqu'au moment où l'affaire pourrait être décidée par les gouvernemens respectifs.

« Depuis, lorsqu'il fut question de régler cette difficulté, il s'engagea une négociation *d'un genre particulier et d'une nature délicate.* On estima les objets saisis, et quoique les Anglais formassent des prétentions beaucoup plus élevées, l'estimation ne fut portée qu'à deux millions deux cents mille francs. Deux conseillers-d'état, MM. *Ramond* et *Lechat*, furent chargés de la négociation, qui se termina ainsi d'une manière beaucoup plus favorable que si les habitans de Bordeaux n'avaient point obtenu une suspension jusqu'au moment où les gouvernemens pourraient décider. »

Après quelques discussions et la demande de la lecture du traité,

« M. *Dessoles* (à la tribune) lit le traité, d'où il résulte que la somme de 2,200,000 francs, *pour la valeur des propriétés saisies par les Anglais*, leur sera allouée (1). »

Et remarquez, Messieurs, qu'on observa même que le mot de *propriétés publiques* ne se trouve pas dans ce traité. Quoiqu'il en soit, le crédit fut accordé, et..... nous payâmes.

C'est ici, Messieurs, qu'il est essentiel de ne point vous laisser abuser par la pompe des mots. Les Anglais, disent mes accusateurs, étaient les

(1) Moniteur, 23 mai 1819, N.° 143.

alliés de S. M. Louis XVIII, ce qui signifie, en d'autres termes, qu'ils s'étaient engagés à obéir à ses ordres ou à ceux de son auguste lieutenant, et surtout à ne rien faire de contraire à ses intérêts; et cependant ils s'arrogent seuls le droit de l'autorité militaire; et cependant ils mettent sous le séquestre les propriétés du Gouvernement qu'ils exaltent; et lorsque enfin ce Gouvernement s'est renforcé de l'assentiment universel de la nation, c'est quatre ans après cette époque, qu'usant d'un droit que leur assurait la conquête, les Anglais en demandent le prix, et les ministres de S. M. le sanctionnent, en ajoutant à la part des 800 millions dont nous gratifiâmes le désintéressement de nos alliés, *2 millions 200 mille francs* pour le fait particulier de l'occupation de Bordeaux et le rachat des propriétés publiques qui appartenaient aux Anglais *par le droit de conquête*, et le rachat des *propriétés particulières* qu'ils avaient confisquées par leur *droit de piraterie.*

Il faudrait faire une singulière abnégation de sa raison, pour ne pas voir dans ces faits, qui ne peuvent être démentis, tout ce qui caractérise la conquête, et pour ne pas convenir que j'aurais pu, sans crime, ne pas en étouffer le souvenir, et censurer une fête qui rappelle ces tristes humiliations.

Je le proteste, Messieurs, tel fut le seul motif

de l'article du 12 mars, et sans acceptions de personnes.

Maintenant qu'il est avéré que la conquête est constante ; que les actes qui l'ont précédée, que les actes qui l'ont suivie en démontrent l'authenticité, je demanderai au Conseil municipal, où est mon crime ? aux habitans de Bordeaux, à vous, Messieurs, qu'on a fait *plaignans* et *juges tout à la fois*, où est votre injure ? où est votre diffamation ? aux magistrats, enfin, dans quelles dispositions de la loi ils trouveront mon châtiment ?

Naguère, Messieurs, et lorsque vous fîtes justice de la première accusation intentée aux rédacteurs de la Tribune de la Gironde, un adroit accusateur, admettant comme hypothèse la vérité de la conquête qui vous est aujourd'hui démontrée, me reprochait d'en rappeler le souvenir, et se demandait « si c'était à un Bordelais d'en avertir l'histoire, qui sommeillait depuis six années. »

Je demanderai, à mon tour, à qui donc appartenait le droit de combattre, à Bordeaux, le souvenir de l'occupation anglaise, si ce n'était à un Bordelais? et qui plus que moi devait ressentir l'amertume de cette humiliation ?

Moi qui, prisonnier *pendant six années* de nos éternels ennemis, au mépris de la capitulation de *Baylen*, signée sur le champ de bataille arrosé du sang français, avais si douloureusement appris à juger du mépris de l'Angleterre pour la foi des traités.

Moi! qui, pendant *dix mois*, portai le poids de cette déloyauté sur le rocher désert de *Cabréra*, où nous fûmes jetés sans vêtemens, sans secours, forcés de disputer à la terre, pour nous nourrir, ses reptiles et ses plus grossières productions, et qui ne quittai cette plage, blanchie des ossemens de trois mille de mes compagnons d'infortune, que pour être enfoui sur les pontons de Plimouth (1).

---

(1) Le 19 juillet 1810, le corps d'armée du général *Dupont*, après des efforts dignes d'une meilleure fortune, fut forcé d'accepter, à *Baylen*, une capitulation dans laquelle on comprit les divisions des généraux *Vedel* et *Gobert*, qui n'avaient pas été engagées, par suite des dispositions qu'il n'est pas ici le lieu d'examiner. Le total des troupes françaises, s'élevant à près de 19 mille hommes, devait être embarqué et transporté en France, aux termes des articles 6 et 7 de la capitulation signée, le 22 juillet, par le général espagnol *Xavier de Castanos*, d'une part, et les généraux français *Chabert* et *Marescot*. Ces articles portaient :

« Art. 6. — Toutes les troupes françaises, en Andalousie, se rendront à *St.-Lucar* et *Rota*, par journées d'étape, qui ne pourront excéder quatre lieues de poste, avec les séjours nécessaires, pour être embarquées, avec leurs équipages, sur des bâtimens espagnols, et transportées en France au port de Rochefort. »

« Art. 7. — Les troupes françaises seront embarquées aussitôt leur arrivée; et l'armée espagnole assure leur traversée contre toute expédition hostile. »

L'influence anglaise paralysa la loyauté espagnole. Les Anglais

Moi! qui, dans ces sépulcres vivans, avais appris à vénérer l'humanité de nos ennemis, à la

---

refusèrent des passeports. Dix-neuf mille Français furent entassés sur neuf pontons, dans la baie de Cadix, le 1.er janvier 1809. Déjà, le mois de juillet suivant, la mortalité les avait réduits à 8,500 hommes. Enfin, au mois d'avril 1810, ils furent transportés *aux îles Baléares*, et jetés sur l'île de *Cabréra*, rocher inculte et inhabité, gisant à neuf lieues sud de *Mayorque*.

C'est dans cet épouvantable lieu que les prisonniers furent réduits à chercher des abris dans le creux des rochers, où l'humidité, la privation d'eau et la mauvaise qualité des alimens qu'on leur portait de *Palma* (capitale de Mayorque), tous les trois jours, développèrent parmi eux les maladies dont ils portaient les germes des pontons de Cadix. Déjà, dès le mois d'octobre, plus de 3,000 de nos compagnons d'infortune avaient succombé. Une vallée, que nous avions nommée *Vallée des Larmes*, leur servait de cimetière; mais comme on se refusait à nous fournir les instrumens nécessaires pour creuser des fosses, les cadavres étaient à peine recouverts de quelques pouces de terre. Bientôt la saison pluvieuse conduisit dans cette vallée les eaux qui, tombant par torrens du haut des rochers environnans, exhumaient ces déplorables victimes, et charriaient jusqu'à la mer, au travers du camp que nous étions parvenus à tracer, des ossemens et des lambeaux humains, à demi-consumés, dont l'odeur infecte et l'aspect hideux semaient partout la désolation et la mort. Ce fut à cette époque d'horrible mémoire que l'évasion de quelques matelots et sous-officiers fut punie et expiée par tout le camp, *de six jours de privation absolue de vivres*. Réduits à dévorer des rats, des lézards, et à brouter de l'herbe, on peut imaginer l'effet de ces affreux alimens sur des estomacs que les privations avaient déjà usés et rétrécis. Plusieurs tombèrent morts en allant chercher le pain qu'on distribua le 7.e jour de cette famine. Des émanations infectes en firent découvrir beaucoup d'autres qui n'avaient pu sortir de leurs grottes et de leurs halliers, où ils expirèrent dans les convulsions du désespoir. Long-temps après cet horrible châtiment, nous avons trouvé nous-mêmes, vue d'un médecin anglais, promenant son impassibilité, un aéromètre à la main, et calculant

---

en parcourant les recoins de l'île, des cadavres désséchés, dans des trous qui ressemblaient à des repaires, et dans des positions qui attestaient toutes les angoisses d'une terrible agonie.

Après la prise de *Géronne*, par le maréchal Augereau, la garnison de cette place fut renvoyée, en échange des prisonniers aux îles Baléares. Nous fûmes embarqués pour être conduits à Cadix. Nous touchions enfin au terme de nos souffrances; mais le génie britannique veillait à l'entrée du détroit de *Gibraltar*. Une frégate anglaise contraignit le convoi de relâcher sous le canon de la forteresse; et le lendemain, les prisonniers furent enlevés des transports espagnols, mis à bord de transports anglais, et conduits en Angleterre.

Qu'on juge de l'indignation que je dus éprouver en arrivant en France, en 1814, d'entendre chanter, sur le grand théâtre de Bordeaux, le *God save the King* anglais (les spectateurs forcés *d'être debout et chapeau bas)*, et les plus dégoûtantes adulations à la loyauté et à la générosité anglaise envers les prisonniers de guerre.

COUPLETS *de la* FÊTE DE LA ST.-GEORGES, *divertissement en un acte, par M.* DE MARTIGNAC, *fils, aujourd'hui procureur-général à la Cour royale de Limoges, représenté à Bordeaux, en* 1814, *au Grand-Théâtre, imprimé chez Lawalle jeune.*

SUR LES ANGLAIS.

Braves voisins, nobles rivaux,
Ah! qu'ils jouissent de leur gloire;
Nous delivrer de tous nos maux
Est le seul prix de leur victoire.

froidement la somme d'air indispensable aux prisonniers pour ne pas mourir d'étouffement.

Aux lois faites par les vainqueurs
Nous obéissons sans murmure ;
Et l'impôt levé sur nos cœurs,
Nous le paierons *avec usure.*

Sur la terre étrangère
Adolphe fut jeté ; *(Adolp. était prison. en Anglet.)*
Mais des fils d'Angleterre
Je sais la loyauté.
J'ai repris l'espérance,
Car j'ai lu dans leurs cœurs :
Estime à la vaillance,
Et respect au malheur. (Témoins les pontons.)

M. *Dupuy,* dit, en parlant de Wellington, et s'adressant à un Anglais : « Grâces au ciel, l'erreur est détruite ; et aurait-elle dû jamais exister ? le nom seul de votre chef n'était-il *pas suffisant* pour nous annoncer, et *votre victoire,* et *ses effets ?*

Brave et prudent tout à la fois,
Sans courir après la victoire,
Il sait la soumettre à ses lois
Et fixer près de lui la gloire.
A peine l'histoire offrirait
Un rival à ce capitaine,
Et *l'orgueil* français se *plairait*
A le nommer votre Turenne.

A la fin, la décoration change et représente un jardin sur la rivière qui traverse le fonds. On aperçoit un vais-

Moi! que les mânes de 80 mille Français, morts de faim, de misère et de désespoir dans ces gouffres infernaux, et la voix de cent mille autres qui survécurent à cette captivité *algérienne*, excitaient à la flétrissure d'un gouvernement dont on avait eu l'impudeur de chanter sur nos théâtres la générosité, l'humanité et le respect pour l'in fortune.

---

seau portant les pavillons de toutes les puissances, et le portrait du roi d'Angleterre.

M. Dupuy.

Sur l'air anglais : *God save the King*.

Dieu conserve à jamais
Le bon roi des Anglais
A ses sujets.
Touchés de ses bienfaits,
Amis, d'un cœur français,
Chantez tous, avec moi,
Vive le Roi !

Air : *Vive Henri IV*.

De l'Angleterre
Vive le roi chéri ;
Pour ce bon père,
Chantons l'air de Henri,
Cet air qu'on révère
Semble être fait pour lui.

Et cependant on s'écriait que ces thèmes étaient français ; et confondant ce que je n'ai pas confondu, l'*occupation* avec la *restauration*, on vous disait : « Les thèmes de tous nos chants, c'était l'espoir d'un meilleur avenir, c'était la perspective d'une sage liberté, c'était le serment mille fois répété de fidélité et d'amour : ce thème était français ; il était écrit dans la langue des Bayard et des Duguesclin. »

Bayard et Duguesclin ! ombres illustres qui n'avez à désavouer aucun des faits de vos nobles vies, et qui ne vous présentâtes au souvenir de mon accusateur que pour égarer son érudition par la puissance de vos noms magiques !

Bayard ! dont le nom, vénéré de l'Europe entière, est synonyme de loyauté, de fidélité, de patriotisme et d'honneur ! *Bayard !* mourant au pied d'un arbre, en combattant pour son pays, et faisant rougir de sa déloyauté *Charles de Bourbon*, vainqueur dans les rangs de l'étranger.

Duguesclin ! dont on a dit heureusement *que le cercueil prenait des villes*, et qui n'en livra jamais! Duguesclin ! le plus redoutable ennemi de l'Angleterre ! Duguesclin ! prisonnier *du Prince Noir* dominateur de la Guienne, et qui, rendu maître de sa rançon, la porta à un si haut prix, que l'Anglais, étonné, lui demanda où il prendrait autant d'or ? « Chez mes amis, repartit le fier connétable : il n'y a pas de fileresse en France qui ne filât sa quenouille pour me tirer de vos mains. »

Voilà, Messieurs, voilà la langue des Bayard et des Duguesclin ! voilà les thèmes les seuls dignes des enfans de cette noble France, pour la gloire de laquelle ces illustres chevaliers ne surent que combattre et mourir! de cette noble France, qui, en m'emparant d'un aveu que l'évidence a arraché à nos antagonistes eux-mêmes, ne fut vaincue, depuis trente ans, que lorsque quelques-uns de ses enfans se rangèrent sous les bannières de l'étranger !

Mais, Messieurs, avais-je donc besoin de m'appuyer sur mes souffrances particulières pour vous porter la justification de mon article sur la fête du 12 mars? ne l'ai-je pas justifié par l'éclaircissement du fait de l'occupation? Ce fait, qui m'était alors démontré, me donnait seul le droit de censurer, sans crime, la solennité du 12 mars, parce que le souvenir de l'occupation en souillait l'auguste motif, et que l'orgueil national a aussi ses faiblesses. Je reconnaîtrai ce que je n'ai jamais contesté, c'est que la pensée des magistrats qui l'instituèrent ne put vouloir blesser notre patriotisme ; que l'enthousiasme de leur hommage fût aussi noble que le Prince qui en était l'objet; que la domination temporaire des Anglais dans nos murs fut le résultat de la nécessité à laquelle tout doit céder : mais je répéterai que les intérêts de la restauration elle-même repoussent toute alliance étrangère, et que le souvenir de l'occupation doit trouver, s'il est possible, sa mort dans l'oubli, et non sa résurrection périodique dans un anniversaire.

Point de palliatif! point d'excuse à l'occupation!

Les Anglais ne vous l'ont pas laissée! Je défie mes accusateurs de produire un seul acte émanant d'eux, antérieurement ou postérieurement au 12 mars, dont on puisse argumenter que les Anglais se présentèrent à Bordeaux comme alliés de S. M. Louis XVIII. Accusateurs imprudens! vous vous êtes soulevés contre ma censure, et vous n'avez pas réfléchi que votre accusation était la censure des dix-neuf vingtièmes de nos fonctionnaires actuels! de l'élite de nos citoyens! de la vôtre elle-même! car si les Anglais se présentèrent à Bordeaux comme alliés de Sa Majesté Louis XVIII, pourquoi reculâtes-vous à leur aspect, et mîtes-vous à l'abri de leurs insultes le tabernacle des lois (1) et la foi de vos sermens? Pour-

(1) La Cour royale de Bordeaux (alors Cour impériale) s'était réfugiée à Périgueux, où elle rendait la justice au nom du Gouvernement auquel obéissait encore toute la France. C'est la même Cour qui a condamné le sieur Pujos à un an de prison et 2,000 francs d'amende.

quoi, dès que vous sûtes qu'un fils de France était parmi vous, hésitâtes-vous encore ? C'est parce que vous comprîtes que les Anglais restaient étrangers à la restauration, qu'ils souillaient par leur présence ; c'est parce que vous étiez convaincus, comme je le suis moi-même, que les Anglais ne vous portaient que la guerre, et que vos mains pacifiques, chargées du sceptre de la justice, étaient impuissantes pour repousser l'agression. Relevés de vos sermens, vous vous empressâtes d'offrir votre fidélité éprouvée au trône dont vous êtes aujourd'hui les soutiens les plus inébranlables ; et la confiance royale dont vous êtes investis est une approbation vivante de votre conduite.

Je ne me suis donc pas plus élevé que vous ne le fîtes vous-mêmes contre la restauration, en censurant une fête qui rappelle l'humiliation de la conquête ; et qu'elle qu'ait été la forme de mon récit, vous n'avez pu y voir d'autre motif que ce motif patriotique.

Une considération morale me frappe encore en sa faveur, et j'aurai la franchise de vous l'exprimer.

Il est une époque de l'année, parmi nous, où les passions politiques assoupies se réveillent au son de nos cloches et au bruit de l'artillerie de nos bâtimens. Elles se mettent en présence, s'accusent mutuellement d'infidélité, et se livrent les unes à l'aigreur de leurs souvenirs, les autres à l'exaltation de leur triomphe. A ce moment, des hommes que leurs relations journalières, la considération, l'estime avaient rapprochés, s'écartent de nouveau, et relâchent, à la voix impérieuse de l'amour propre, les liens que l'amour général pour l'ordre établi, le besoin de repos, le besoin d'oubli surtout, avaient concouru à former. Cette triste disposition descend du public dans les familles, et, pendant quelques jours encore, obscurcit leur sérénité, par les discussions inévitables, moins sur l'objet et le but réel de la solennité, que sur les circonstances qui l'ont amenée........ Cette époque, c'est l'anniversaire du 12 mars! Je livre, sans crainte, cette considération aux méditations de mes accusateurs.

Une dernière considération, Messieurs, par laquelle vous regretteriez que je ne justifiasse pas ma censure, c'est l'exemple du Roi lui-même, qui, dans sa haute prévoyance, n'accueille, aux anniversaires *du 3 mai*, que les félicitations des Corps constitués, et ne permet pas qu'une fête publique vienne altérer, dans la capitale, le souvenir de la restauration, en le mêlant au souvenir inévitable de l'occupation étrangère. Vous déplorerez que, par l'effet d'un zèle plus royal que le zèle du Roi lui-même, cette concession, éminemment politique, faite à l'orgueil national, n'ait pas été imitée parmi nous.

Eh! qu'ont espéré mes accusateurs en me traduisant devant vous? Se sont-ils bercés de la douce chimère qu'un arrêt détruirait nos souvenirs ? On ne détruit point les faits historiques par des jugemens. C'est en vain que mes accusateurs s'appuyant de votre décision, si elle m'était contraire, prétendraient anéantir l'authenticité des événemens ; si le fait *de l'occupation* est vrai, qu'importera votre arrêt? Ma condamnation exceptée, la vérité restera dans son impassibilité ; et l'histoire, sans égard pour l'autorité de la chose jugée, n'effacera point de ses pages, que *les Anglais prirent possession de Bordeaux au nom de Georges III*, *le* 12 *mars* 1814; que la fête qui rappelle inévitablement ce souvenir, n'est pas une fête nationale, et que je n'ai diffamé qui que ce soit pour en avoir censuré la solennité.

Il me reste, Messieurs, à me justifier de l'intention qui m'est imputée par M. le maire actuel de Bordeaux, d'avoir voulu le diffamer personnellement, en insinuant, aux termes de l'accusation, qu'il avait *voulu* exciter les citoyens à s'armer les uns contre les autres.

Ce n'est pas sérieusement, sans doute, qu'on a

pu exciter M. le maire à m'imputer un délit, dont l'article du 12 mars n'offre pas de trace; et cette accusation, si grave pour la forme, est au fond trop puérile pour qu'on y ait attaché une importance réelle.

Cependant l'accusation est portée, et je dois y répondre.

D'abord, je pourrais soutenir, l'article du 12 mars à la main, *que je n'ai pas même émis d'opinion* sur l'arrêté de M. le maire, puisque je n'ai fait que transcrire, *sans commentaire*, quelques-unes des expressions de cet arrêté.

Et en effet, « Espérons, disais-je, espérons que l'appel à d'énergiques démonstrations sera entendu, et que, distraits, par cet appel paternel, de la profonde douleur dont ils sont pénétrés, nos énergiques démonstrateurs se sont préparés à ajouter un nouveau fleuron à leur immortelle couronne. »

Y a-t-il, dans ces paroles, l'ombre même de la censure des expressions de M. le maire; et ne pourrais-je pas soutenir que c'est très-sérieusement que j'unissais ma voix à celle du magistrat pour engager les citoyens à l'émission des énergiques démonstrations auxquelles on les invitait?

Dans ce système qu'on ne pourrait combattre que par induction, puisqu'il n'est réservé *qu'au Tout-Puissant* de pénétrer mon *for intérieur*, il n'y aurait pas censure; on pourrait moins encore y trouver la diffamation.

Eh bien! Messieurs, puisque c'est *par interprétation* que je suis traduit devant vous, qu'il me soit permis de me justifier au moyen des interprétations, et voyons si celles qu'on peut donner aux expressions de M. le maire sont aussi futiles que celles dont je suis victime, et si (abstraction faite du droit que j'en avais et qui sera débattu tout à l'heure par mon honorable défenseur) si, dis-je, je n'aurais pu, sans crime, censurer ce qui me paraissait censurable.

Prenons l'arrêté de M. le maire, et nous lirons, avec un nouveau regret, les expressions échappées au zèle d'un magistrat dont toutes les paroles ont de la gravité.

MAIRIE DE BORDEAUX.

Extrait du registre des arrêtés du maire de la ville de Bordeaux, du 6 mars 1820.

Le Maire de la ville de Bordeaux,

« Considérant que l'anniversaire *du* 12 *mars*, de ce jour mémorable où la ville de Bordeaux fit éclater, la première, les sentimens long-temps comprimés de dévouement et d'amour à l'auguste famille des Bourbons, est marqué, chaque année, par des dispositions administratives, qui seséondent et régularisent le loyal enthousiasme des habitans de Bordeaux ;

« Considérant que ces sentimens, qui ont honoré la cité du 12 mars, aux yeux de la France et de l'Europe, se sont montrés avec une nouvelle force dans une occasion déplorable (allusion à l'attentat du 13 février), et que *cette circonstance même* et *l'audace croissante des ennemis du trône*, *commandent* aux Bordelais d'en multiplier *les énergiques démonstrations ;* mais que le douloureux souvenir d'un horrible attentat, nous interdit *toute manifestation d'allégresse* ;

« Considérant néanmoins, qu'une religieuse commémoration, et la consécration du monument destiné à perpétuer la mémoire de l'entrée de S. A. R. Mgr. le duc d'Angoulême dans la ville fidelle, peuvent encore célébrer dignement le retour de cette journée de gloire et de bonheur, arrête :

(*Suivent les dispositions de la fête*, *etc.*)

Or, Messieurs, je le demande à votre raison, quelle pouvait être, dans le langage des passions, déjà exaltées par l'horrible attentat de *Louvel*, l'interprétation des seules paroles que j'ai transcrites de l'arrêté de M. le maire ?

Que signifiait, pour les hommes de parti, cet appel à *d'énergiques démonstrations*, par opposition à cette *audace toujours croissante des ennemis du trône*, dont il semblait que M. le maire se croyait entouré ?

Etait-ce une religieuse commémoration ?

Mais il n'y a rien *d'énergique*, par le sens attribué à ce mot, dans une cérémonie pieuse.

Ce n'était pas des chants, des danses ?

M. le maire nous avertissait que le douloureux souvenir d'un horrible attentat, nous interdisait toute manifestation d'allégresse.

Ce n'était point des feux de joie, des illuminations ?

Nous n'y étions pas invités.

Qu'était-ce donc enfin que cet appel à d'*énergiques démonstrations*, et à quels signes reconnaissait-on à Bordeaux, d'où cet arrêté ne devait pas sortir, l'audace toujours croissante des ennemis du trône, à la compression de laquelle d'énergiques démonstrations étaient jugées nécessaires ?

Ces expressions pouvaient devenir, dans les interprétations désastreuses des partis, et ici je proteste que telle ne fut pas l'intention que je prêtai à M. le maire, ces expressions, dis-je, pouvaient devenir l'excuse d'excès que les lois condamnent, envers des hommes que d'énergiques démonstrateurs (s'il s'en fût trouvé parmi nous) auraient pensé ne pas partager en tous points leurs doctrines politiques.

C'est en vain qu'on vous dirait, comme M. le juge-d'instruction, dans l'interrogatoire que je subis le 18 mars dernier, que M. le maire avait voulu parler de *l'énergie de l'amour et de la vertu.* Je n'ai certes pas contesté cette volonté paternelle de M. le maire ; mais je dis que les partis n'entendent rien à ces phrases sentimentales. *L'amour*, pour eux, c'est la domination de leurs doctrines ; *leur vertu* est de les faire triompher. Les hommes de parti n'ont d'amour que pour ceux qui partagent leurs opinions ; ils ne reconnaissent de vertus qu'à ceux qui les appuient ; et le développement de l'énergie de l'amour et de la vertu politique en ce sens, depuis les *massacreurs de septembre*, jusqu'aux *massacreurs de Nîmes et d'Avignon*, a produit des résultats différens de ceux qu'on devait attendre de l'alliance touchante de la vertu et de l'amour.

Eh ! qui pourrait justifier les craintes de M. le maire ? où voyait-il, parmi les enfans confiés à sa tutelle, d'audacieux ennemis du trône ? à défaut d'actions, en trouvait-il la preuve dans des discours ? Si cette preuve existait, comment les coupables ont-ils échappé à la justice des tribunaux ? et à défaut de ces actions, à défaut de ces discours, qu'il faut bien nier, puisque jusqu'à ce moment même, et sous l'empire des lois d'exception, notre cité n'a été affligée d'aucune arrestation, d'aucun débat juridique qui ait eu la politique pour objet, pourquoi cet anathème ? pourquoi la création de ces inquiétudes, qui font suspecter à chaque citoyen, un ennemi de l'ordre établi, dans le citoyen qui l'aborde ?

M. le maire avait-il en vue les rédacteurs de quelques-unes de nos feuilles locales ?

Mais quant à ce qui nous regarde, l'autorité, que certes on n'accusera pas de partialité pour les rédacteurs de la Tribune, a-t-elle trouvé dans notre recueil un seul article contraire aux lois, aux bonnes mœurs, au respect et au dévouement que nous professons, autant que qui que ce soit, pour la monarchie constitutionnelle ?

M'objecterait-on, Messieurs, que la présence à la Cour d'assises de deux de ses rédacteurs, donne un démenti à mes paroles ?

Je répondrais qu'elle les appuie, au contraire; car vous avez déjà honorablement acquitté M. *Fonfrède* du délit que *des susceptibilités d'amour propre* lui avaient imputé ; et le délit, qui m'est également imputé par *des susceptibilités d'amour propre*, n'a rien de commun avec des doctrines politiques que nous pouvons avouer et que nous avouerons toujours hautement.

Ainsi, Messieurs, point d'audacieux ennemis du trône parmi nous ; point de nécessité à ces appels à d'énergiques démonstrations, si diversement renouvelés, depuis 30 ans, en faveur de la puissance et aux dépens de nos libertés.

J'aurai donc pu, et sans attaquer les intentions de M. le maire, censurer les considérans de son arrêté, qui n'était même pas un *acte administratif*, puisqu'il *n'était obligatoire pour personne.* Vous chercheriez en vain, dans les expressions dont je me suis servi, la preuve du délit qu'on s'est efforcé d'en extraire en les torturant. Vous prononcerez sur cette partie de mon accusation, comme sur la première, que, pur de l'intention d'avoir diffamé et mes concitoyens et les magistrats, je ne méritai jamais le nom de diffamateur.

J'ai trop gémi de cette indigne accusation, pour que les plaintes qu'elle m'inspire vous paraissent ici déplacées. C'est en parcourant le nom de mes accusateurs, que j'ai pu m'étonner que quelques souvenirs honorables pour ma famille, n'aient pas arrêté leurs préventions, ou, du moins, ne les aient pas engagés à calmer un zèle trop ardent dans ses interprétations. Peut-être n'aurait-on pas dû oublier, qu'aux époques désastreuses de la révolution, lorsque des royalistes, *très-fameux aujourd'hui*, se ployaient sous ce qu'on a complaisamment nommé depuis *la nécessité des temps*, et prêtaient la véhémence de leurs plumes et de leurs discours à des actes si hautement désavoués aujourd'hui, ma famille abritait, sous son toit obscur, des têtes vouées à l'échafaud, oubliant ses propres dangers, ne songeant pas même à la reconnaissance, et que, sans s'informer si les proscrits étaient *royalistes*, *émigrés*, *prêtres* ou *Vendéens*, mon vénérable père avait toujours une couche et du pain pour un infortuné, et que j'étais le dépositaire de ses honorables secrets.

Ah! dans cette circonstance si douloureuse pour son cœur, il n'a pas trouvé ce qu'il avait droit d'attendre de ceux qu'il servit aux jours de leurs infortunes : une consolation, ou du moins une parole d'espérance!

Non, Messieurs les Jurés, ce n'est pas à l'école d'un père que ses vertus ont élevé au-dessus de son état ; ce n'est point à l'école d'une mère que le ciel m'a condamné à pleurer, que j'aurais appris à être *un factieux* et *un diffamateur*. Je trouvais dans leurs exemples, et mon cœur me dit que je ne les ai pas oubliés, la règle de mes devoirs comme homme, comme citoyen, comme père de famille, et je ne fus jamais instruit qu'au respect des lois, au mépris des méchans et à la haine des proscripteurs.

Messieurs les Jurés,

En terminant cette défense incomplète, je dois remercier le ministère public des expressions de bienveillance dont il a adouci la rigueur des devoirs qui lui étaient imposés. Il a daigné me reconnaître quelques sentimens, auxquels je dois l'estime et l'intérêt des citoyens recommandables qui m'entourent dans cet auguste prétoire : qu'il me soit permis de m'en appliquer le bienfait.

Si j'ai mérité les paroles bienveillantes de M. l'avocat-général, comment pourrez-vous croire que je sois un diffamateur ?

Comment prononcerez-vous que je suis un diffamateur, sans faire rejaillir sur les honorables amis qui m'appuient ici de leurs vœux, la solidarité d'un crime qu'ils sembleraient approuver, quand la noblesse de leurs sentimens et la haute considération dont ils jouissent ne permet pas d'en concevoir la pensée ?

Vous avez donc à choisir entre les interprétations de mes adversaires,

Et les protestations sincères que je vous ai données de la pureté de mes intentions.

Je laisse à vos consciences à déterminer votre choix. Je confie mon innocence à votre intégrité, et j'attends votre décision sans crainte.

M. le président donne la parole au défenseur de M. Pujos.

M. *Mérilhou* s'exprime ainsi :

MESSIEURS LES JURÉS,

C'est un dessein bien téméraire, que de prétendre enchaîner d'avance les jugemens de l'histoire, commander par des arrêts l'estime à ses contemporains, et interdire le blâme à la postérité. C'est une pensée non moins étrange que celle des titulaires d'une fonction publique, qui se croient offensés par l'appréciation des actes de tous ceux qui ont porté le même titre ou occupé les mêmes fonctions. Enfin, pour caractériser tout-à-fait l'accusation actuelle, je dois rendre hommage à l'adresse avec laquelle des citoyens privés ont voulu appliquer à la ville de Bordeaux un écrit où elle n'est ni nommée, ni désignée, où il s'agit d'un fait qui n'est pas son ouvrage, et qu'elle a souffert à son insçu.

Certes, il est susceptible l'amour propre des membres actuels du Conseil municipal de Bordeaux. Ils s'empressent de défendre l'honneur d'une cité qui ne se plaint pas, dont ils ne sont ni les représentans, ni les mandataires, de laquelle ils ne tiennent aucun pouvoir relatif à la poursuite actuelle.

Ruse ingénieuse! admirable combinaison! si, du moins, l'honneur et l'intérêt de cette grande cité ne sont pour rien dans ce débat, nous aurons la satisfaction de voir les hommes de 1820, recueillant l'héritage des hommes de 1814, associés aux récompenses du présent, comme ils s'associaient, par la pensée, aux actes du passé.

Puisqu'il était donné au sieur Pujos de servir ainsi de matière à la gloire des Conseillers municipaux de 1820; puisque les aspirans à l'héritage des municipaux de 1814 ont daigné faire sur lui l'expérience de leur droit d'étouffer l'histoire, du moins rendons grâces à nos lois, qui n'ont pas permis de traîner cet écrivain sur des bords étrangers et devant des juges qui n'ont pas vu les événemens qu'il a rappelés. Ce n'est pas, en effet, devant les Jurés de la Gironde que j'aurai besoin d'efforts pour fixer le véritable caractère des événemens du 12 mars; ce n'est pas eux qui viendront, aveugles auxiliaires de la vanité des nouveaux administrateurs, donner un démenti à la notoriété publique, et nier la conquête que vous avez subie sur ces rivages, affranchis par le patriotisme de nos aïeux. C'est ici que la cause du sieur Pujos sort du cercle étroit des intérêts ordinaires. Ce n'est plus quelques pensées plus ou moins obscures qu'il s'agit d'interpréter : vous avez à absoudre du crime de diffamation, ce sentiment d'horreur pour le joug étranger, cet élan si noble et si français, qui, pendant 700 ans, a pu se ralentir dans d'autres provinces, mais s'est toujours réfugié dans le cœur de vos pères, comme dans le dernier asile de la fidélité.

Avant de passer à la discussion de l'accusation

qui vient d'être développée, qu'il me soit permis de me plaindre de l'étrange direction qu'on s'est efforcé de donner, à notre sujet, à l'opinion publique, et à laquelle le ministère public lui-même n'a pu échapper, malgré son impartialité.

Ce n'est pas d'aujourd'hui que des intérêts mesquins en eux-mêmes cherchent à s'agrandir, en invoquant des noms augustes, ou s'identifiant avec des intérêts plus imposans. Le satirique français parle d'un méchant écrivain qui accusait ses critiques d'être les ennemis d'un grand roi. Ainsi les plaignans espèrent intéresser, au succès de leur vanité, les nobles affections qui, parmi vous, attachent tant de cœurs à la dynastie de nos Rois.

Ne voyez-vous pas, vous disait le ministère public, que l'auteur veut flétrir la restauration bordelaise : c'est l'entrée du duc d'Angoulême, et non pas l'occupation des Anglais, qu'il ose réprouver ; ce sont les auteurs de cet événement qui sont l'objet de ses sarcasmes. Attaquer les auteurs de la restauration, c'est attaquer la restauration elle-même.

Tel est donc le résultat du système interprétatif. L'auteur ne doit donc plus être jugé d'après ce qu'il a dit, mais d'après ce que ses accusateurs veulent qu'il ait dit. Ils pensent pour lui ; ils parlent pour lui ; ils substituent leurs propres pensées et leurs propres expressions aux expressions et aux pensées qui sont les siennes; ils écrivent le contraire de ce qu'il a écrit. Est-il étonnant que l'on parvienne à incriminer la manifestation des plus nobles sentimens, puisqu'on commence par créer le crime avant de le punir.

Pour ceux qui, ayant lu l'écrit inculpé, répètent cette objection, je n'ai rien à répondre qu'en relisant l'écrit lui-même; parce que si l'on doit une réponse à la bonne foi qui se trompe, on n'en doit aucune à la mauvaise foi qui veut tromper.

Mais pour vous, Messieurs les jurés, qui n'avez pas lu encore l'écrit que vous avez à juger, ma réponse sera catégorique.

Dans le développement de l'ironie qui forme le cadre de l'article qui vous est soumis, l'auteur nous apprend que *quelques factieux avaient proposé de recevoir le fils de France à bras ouverts et les Anglais à coups de canon.* Le ton de l'ironie ne permet pas de douter que ces mots *quelques factieux* ne peuvent s'entendre que des personnes dont l'auteur partage les opinions. Ici l'auteur l'annonce avec un juste orgueil, ces paroles sont celles du respectable Ferrère; elles sont consignées dans ses mémoires manuscrits: la notoriété publique ainsi que le noble caractère de l'écrivain attestent assez sa véracité. L'auteur le déclare donc avec netteté; il ne confond pas, dans son improbation, l'avénement du fils de France et l'avénement du général britannique; et nous verrons, dans la suite de la discussion, si c'est pour le fils de France ou pour le général ennemi qu'a fumé l'encens du 12 mars.

Cette pensée du vertueux Ferrère a choqué le ministère public, presque autant que le Conseil municipal.

Quelle déloyauté, vous disait hier M. l'avocat-général! quelle déloyauté dans un tel désir! Quoi! accueillir le Prince et repousser son cortége! accepter le bienfait et combattre le bienfaiteur! Vouloir que le Prince vînt isolé, et se présentât seul à nos portes, n'était-ce pas l'exposer à perdre la vie?

Si mes notes sont fidelles, voilà bien la pensée de M. l'avocat-général.

Quel est donc cet étrange mystère? contre qui devaient se développer les forces anglaises? L'armée française avait quitté vos murs; les dépositaires de l'autorité impériale avaient suivi sa retraite: qui pouvait requérir l'application des décrets proscripteurs? quelle force pouvait appuyer de tels actes?

Tous les cœurs volaient, dites-vous, au-devant de l'autorité nouvelle; en ce cas, quel besoin aviez-vous d'un secours? Quoi! une population de cent mille âmes n'aurait pu faire éclater ses sentimens que sous la protection de quinze cents Anglais ? N'est-ce pas vous ici, n'est-ce pas vous-mêmes qui calomniez la population bordelaise ?

Où est donc ce zèle si brûlant, ce courage invincible, ce dévouement à toute épreuve ?

Ah ! quand le premier des Laroche-Jacquelain relevait l'étendard des lis et bravait la Convention nationale, il ne demandait pas un détachement anglais pour protéger son dévouement et réchauffer son courage.

Que des hommes ignorans, étrangers aux leçons de l'histoire et à la situation des états de l'Europe, à l'époque du 12 mars, aient alors confondu l'Anglais et le Prince français, le frère et l'ennemi, c'est ce que nous avons vu, c'est ce que l'avenir ne concevra qu'à peine. Mais aujourd'hui que les événemens se sont accomplis ; aujourd'hui que le caractère des causes est enfin fixé par les effets, que cette erreur puisse être sérieusement avancée, c'est ce qui nous avait paru impossible.

Sans doute la restauration du trône des Bourbons s'est accomplie à la suite des victoires des ennemis coalisés, comme la création du régime impérial est venue à la suite des sublimes travaux de l'assemblée constituante et des luttes sanglantes de la Convention ; mais l'un et l'autre de ces événemens s'est accompli par la force des choses.

Les efforts de quelques hommes, pour s'en approprier aujourd'hui la gloire, n'ont guère attesté que l'impuissance de leur vanité.

Oui, nous avons vu les drapeaux des lis, trente jours après les événemens de Bordeaux, ombrager les tours de nos cités, et parer nos vieilles légions. Mais qui sait jusqu'à quel point la restauration, par sa marche rapide, a pu déjouer, dans les camps de l'étranger, de perfides desseins et de coupables espérances? Qui sait quelles spéculations odieuses étaient déjà faites sur nos divisions intestines? Qui sait à quels dieux de sang étaient déjà consacrées, par avance, les dépouilles des Français, prêts à s'entre-déchirer pour le choix de leurs maîtres, si la voix de la patrie n'avait tout-à-coup réuni, sous les mêmes étendards, les tribus dispersées par la tempête.

Ils avaient donc raison ces sages, qui, dans les jours de 1814, voulaient ouvrir les portes au fils du grand Henri, et repousser les héritiers des Edouards. Ils se souvenaient de ces temps, de déplorable mémoire, où l'Anglais s'introduisait en parent, pour régner en usurpateur dans le palais des Valois.

Ainsi donc, qu'on cesse de faire intervenir des noms augustes, et d'invoquer des intérêts aujourd'hui consacrés. Tant qu'on ne poursuivra pas l'auteur comme provocateur à la révolte, ou comme ayànt outragé Son Altesse Royale, il faut bien que l'on consente à ne voir ici qu'une querelle de vanité municipale, et non pas une question de légitimité monarchique.

Maintenant je me demande quels sont nos adversaires? Contre qui dois-je combattre? A quels efforts dois-je résister?

Je vois ici M. l'avocat-général : c'est lui qui soutient l'accusation; c'est lui qui combat la défense; c'est lui, et lui seul qui provoque la condamnation de mon client.

Mais ce n'est pas ce magistrat qui est le véritable adversaire; il ne fait que requérir, conformément à l'article 4 de la loi du 26 mai 1819: c'est le Conseil municipal de Bordeaux qui a, par sa délibération, nécessité les réquisitions du ministère public. C'est le maire qui a porté plainte auprès du procureur-général; c'est de cet acte, et de la délibération du Conseil, qu'est née la procédure actuelle. C'est donc le maire, c'est donc le Conseil municipal qui sont nos seuls, nos vrais adversaires.

Mais de quel maire, de quel conseil municipal s'agit-il?

Est-ce de M. le maire de 1814, de M. le comte Lynch? qu'on peut appeler, par excellence, l'homme du 12 mars. Est-ce du conseil municipal de cette époque, dont quelques membres, il est vrai, accompagnèrent le maire dans sa course à la porte Saint-Julien ; mais dont le plus grand nombre resta étranger à cet événement ?

Cependant ni le maire, ni les adjoints, ni le Conseil municipal de 1814 ne se plaignent pas qu'on ait dénaturé, à leur préjudice, le récit de la journée du 12 mars, les souvenirs du Prince Noir et du palais de l'Ombrière n'ont pas offensé leur susceptibilité. Si cet événement est leur ouvrage, si les allusions qui s'y réfèrent ne leur ont point déplu, que doit-on en conclure ? c'est que l'auteur qu'on accuse a parlé selon leur pensée, ou bien que ces hommes publics, rassurés par leur propre conscience, en appellent à la notoriété publique des allégations de la haine ou des erreurs d'un écrivain mal informé.

Dans l'un ou l'autre cas, qui peut suppléer à ce silence, et appeler de graves punitions sur la tête de l'auteur, quand les seules parties intéressées n'ont pas élevé la voix, ni réclamé la protection de la justice ? Qui est juge de l'honneur du maire du 12 mars ? qui peut en être le protecteur, si ce n'est lui ?

Ainsi, je ne trouve pas ici les vrais accusateurs, les seuls que la loi reconnaisse, les seuls dont la raison des jurés puisse accueillir la plainte.

Chose étrange! c'est M. le maire actuel, c'est le conseil actuel qui se plaignent, et qui se plaignent seuls ; et ils sont étrangers aux faits dont ils veulent examiner le caractère.

Est-ce quelqu'un de leurs actes que M. Pujos a dénaturé? Est-ce quelque fait plus ou moins répréhensible que M. Pujos leur a imputé ? ou plutôt a-t-il supposé, dans leurs personnes, des défauts ou des vices dignes de haine ou de mépris?

Rien de tout cela.

Relisons l'art. 13 de la loi du 17 mai :

« Toute allégation ou imputation d'un fait qui porte atteinte à l'honneur ou à la considération de la personne, ou du corps auquel le fait est imputé, est une diffamation. — Toute expression outrageante, terme de mépris ou invective qui ne renferme l'imputation d'aucun fait, est une injure. »

Voilà les expressions de la loi qu'il s'agit d'appliquer.

Il n'y a ici ni fait imputé, ni expression outrageante, ni injure propre aux parties plaignantes.

Il ne s'agit que d'un fait, accompli long-temps avant que commençât leur vie publique.

Ils sont donc non-recevables dans leur plainte ; car leur honneur *n'est pas attaqué* : ils sont sans intérêt dans la réparation ; ils sont sans intérêt dans le procès ; et, au criminel comme au civil, le défaut d'intérêt est la plus forte, la plus respectable de toutes les fins de non-recevoir.

A la vérité, le Conseil actuel, sans plus parler du maire ni des adjoints, compte 30 membres; et sur les 21 qui ont pris part à la délibération, quatre étaient en fonctions en 1814, et ont pu, par conséquent, prendre une part, telle quelle, au 12 mars.

S'ils y ont pris part, s'ils l'ont favorisé par leurs actions, l'écrit *injurieux* du sieur Pujos les touche et les offense. Pourquoi le Conseil actuel veut-il les venger? La loi du 17 mai interdit ces poursuites officieuses.

Si les 26 membres nouvellement introduits dans ce Conseil sont étrangers à l'événement du 12 mars, de quel droit une minorité imperceptible veut-elle les associer à sa destinée, et établir une solidarité d'honneur, quand il n'y a pas eu solidarité dans la conduite?

Que ces quatre conseillers municipaux intentent personnellement, contre le sieur Pujos, une action en diffamation, s'ils le jugent convenable, cette action sera du moins régulière, si elle n'est pas juste; mais que le Corps constitué dont ils font partie, entreprenne de venger leur querelle pour des faits qui n'ont pas une application collective, c'est une prétention que la raison repousse et que la loi condamne.

Je sais qu'on peut m'opposer que les corporations ne meurent pas, et que la fiction de droit, qui investit les successeurs des attributions de leurs devanciers, établit une sorte de continuation de la personne morale, qui ne laisse jamais sans vengeurs les injures faites à la corporation.

Cette idée, vraie pour déterminer les attributions des Corps constitués, est une erreur grossière s'il s'agit de diffamation; elle tend, non pas à enchaîner, mais à briser tout-à-fait la plume de l'historien. Quand on soumettait à la censure de l'histoire les faits contemporains, serait-il possible qu'on eût voulu interdire tout regard sur les générations qui nous ont précédés? La crainte de blesser les héritiers d'un titre antique, ou les dépositaires d'une fonction dès long-temps respectée, doit-elle empêcher de raconter les erreurs ou les crimes de ceux qui ont porté le même titre ou exercé la même autorité? S'il en est ainsi, les séditions des villes, les révoltes des provinces, les cruautés des tyrans, les dilapidations des ministres, les scandales de l'église, les trahisons des généraux, seront renfermées dans une arche sainte, inaccessible aux souvenirs réprobateurs de la postérité; car les villes ne meurent pas, les tyrans laissent quelquefois des successeurs vertueux, l'héritage ministériel n'est jamais resté vacant; et les chaires évangeliques sont toujours occupées par des prélats dont les personnes changent, mais dont les titres ne meurent pas.

Par l'absurdité de la conséquence, jugez de celle du principe. Il faut donc rejeter cette idée de la transmission indéfinie des injures dans les Corps constitués. Il faut donc tenir que la postérité a le droit de s'expliquer sur les actes d'une autorité, sans offenser tous les fonctionnaires qui en sont ou qui en seront investis.

Cette solidarité est donc une chimère en fait de diffamation. Le Conseil municipal actuel de Bordeaux ne peut pas plus se plaindre du jugement porté sur les actes du Conseil municipal de 1814, que de celui qu'un écrivain aurait porté sur les magistrats municipaux de Bordeaux lors de la St.-Barthélemy.

La postérité a commencé déjà ses jugemens redoutables pour l'homme dont le 12 mars annonça la catastrophe dernière. Déjà l'histoire pèse, dans sa balance, les fautes, les crimes, les erreurs qui déterminèrent cette époque d'une splendeur dont les traces ne périront pas. Les guerriers qui versèrent leur sang dans cette lutte, les hommes d'état qui, sous ce règne, rédigèrent tant de lois immortelles, ou présidèrent à nos transactions diplomatiques, sont chaque jour jugés avec justice ou sévérité. Ainsi se prépare pour eux ce grand arrêt en dernier ressort que les siècles confirmeront.

Pourquoi le Conseil municipal de 1814; dont la vie publique est consommée, qui a péri, pour ainsi dire, puisque les événemens politiques ont renouvelé ses membres, et que ses actes n'appartiennent qu'à l'histoire du régime dont ils ont signalé la décadence, pourquoi resterait-il seul inviolable à la critique, quand les hommes et les choses de l'époque en subissent chaque jour la rigueur ou l'injustice?

Naguère, devant le jury de Paris, a été agitée cette grande question des droits de l'histoire sur les hommes qui appartiennent à son domaine. La famille du maréchal Brune avait attaqué, comme diffamateur, un écrivain qui avait publié, sur la vie publique du maréchal, les réflexions les plus odieuses et les imputations les plus infamantes. L'écrivain invoqua les droits de l'histoire; il prétendit qu'une famille ne pouvait, après la mort d'un de ses membres, enchaîner à son sujet les jugemens contemporains. Le ministère public adopta ces moyens, et les développa en ces termes :

« Il faut, avant tout, bien fixer nos idées sur ce que l'on peut nommer faits historiques.

« Si nous parlons de faits qui remontent déjà à des temps assez éloignés de nous, on pourra nommer historiques tous les faits, de quelque nature qu'ils soient, qui nous ont été transmis par les divers écrits publiés sur l'histoire de ces temps.

« Il s'agit au contraire de faits moins anciens; l'autorité et le grand nombre des ouvrages déjà publiés seront encore d'un grand poids, puisqu'ils commenceront cette tradition historique que le temps seul peut affermir.

« Mais aussi, lorsque la date des événemens sera contemporaine, il semble que la qualification de fait historique dépendra moins de la publication qui en aura déjà été faite dans des écrits récens, que de la nature même des faits, et des impressions qu'a reçue à leur égard une opinion publique qu'il est facile d'interroger encore.

« Ainsi, des faits de la vie privée qui seront révélés par des libelles, ne deviendront pas, par cela seul, des faits historiques.

« Mais il est d'autres faits dont la connaissance appartient au public, par cela même qu'ils l'intéressent plus directement : ce sont ceux qui ont une telle relation avec les intérêts généraux de l'Etat, que leur importance doit leur assigner une place dans l'histoire, et surtout dans l'histoire contemporaine.

« Dans ce nombre se placent naturellement les actions militaires des généraux, les négociations diplomatiques des ambassadeurs, les actes des ministres, les propositions des membres des deux Chambres, et autres objets du même intérêt, dans l'ordre politique de l'Etat.

« A l'instant où des actes de cette nature s'exécutent, l'attention générale s'en empare et l'opinion publique les juge.

« C'est là, Messieurs, que commence le domaine de l'histoire contemporaine, chargée, en même temps, d'instruire le siècle présent, et de fournir aux temps à venir des matériaux pour l'histoire générale.

« Il est facile de sentir que beaucoup de détails, sur les hommes et sur les choses, sont utiles et même nécessaires dans l'histoire contemporaine, précisément à cause du double but qui lui appartient.

« Où l'historien recueillera-t-il ces détails ? sera-ce uniquement dans des documens officiels ? Mais il sera le plus souvent impossible de se les procurer ou de les réunir.

« Et d'ailleurs, parmi les faits qui appartiennent à l'histoire, et que nous venons de signaler, n'en existe-t-il pas une foule qui, par leur nature même, ne comportent pas l'existence de preuves écrites ?

« Il faut donc reconnaître que, par la force ordinaire des choses, les élémens ordinaires de l'histoire contemporaine seront des relations du moment, des bruits publics, en un mot, une sorte de notoriété, souvent conforme, mais quelquefois aussi contraire à la vérité, souvent, du moins, sujette à une grande exagération.

« Il faut reconnaître, enfin, qu'exiger de l'historien qu'il ne travaillât que sur des pièces authentiques, et lui demander la preuve de tous les détails qu'il avance, ce serait le réduire à l'impossible, et empêcher d'écrire l'histoire. . . .

. . . .

Mais quand aura-t-il la liberté d'écrire sans crainte, s'il doit prévoir encore des procès après la mort de ceux dont il est cependant nécessaire qu'il parle avec franchise ? . . . .

. . . .

Si la société confie au ministère public le soin de poursuivre, en son nom, la punition des délits qui l'offensent, l'organe de la loi ne peut oublier que la société ne veut être vengée que selon la loi. »

Ainsi s'expliquait M. l'avocat-général de Broé, à l'audience de la Cour d'assises du département de la Seine. Le même système avait été soutenu à la chambre d'accusation, par M. l'avocat-général de Schouen. Malgré la résistance pieuse de la maréchale Brune, et le talent presque toujours victorieux de M. Dupin, son illustre défenseur, le jury acquitta l'écrivain, et laissa, sans vengeance, les manes de l'illustre victime.

Ces principes ont été invoqués aussi à l'audience de la Cour d'assises de la Seine, le 31 juillet 1820. M. de Jouy, auteur de *l'Ermite de la Chaussée d'Antin*, était accusé de diffamation par les officiers municipaux de Toulon. Cet écrivain avait commis le crime affreux de penser, comme M. Pujos, que ce n'est pas être fidelle à la France que de livrer une ville française aux ennemis de la France. L'accusé invoqua les droits de l'histoire; le jury le déclara non coupable.

Voilà ce que nous dirions avec confiance aux membres de l'ancien Conseil municipal; et sans doute ces moyens auraient, devant vous, le même succès qu'ils ont obtenu deux fois devant le jury de la Seine; car la vérité n'est pas autre à Paris, autre sur les bords de la Gironde. Mais, aux membres nouveaux, nous nous contentons de dire: Ces imputations, innocentes ou criminelles, vous sont étrangères; vous n'êtes pas recevables à vous plaindre en votre nom, puisque vous êtes sans intérêt; vous ne le pouvez pas au nom d'autrui, puisqu'il a été jugé que l'action en diffamation était personnelle, et ne passait pas aux héritiers. Quand vous seriez les enfans des membres de l'ancien Conseil, vous ne pourriez pas vous plaindre après leur mort; à plus forte raison, ne le pouvez-vous pas, de leur vivant, quand vous n'êtes que leurs successeurs, quand ils sont là pour protéger leur honneur, et que jamais le blâme ou la louange de l'action dont il s'agit ne saurait retomber sur vous-mêmes.

Quand vous venez vous plaindre pour des faits qui ne vous touchent pas, vous les regardez sans doute comme diffamatoires; mais savez-vous si eux-mêmes ne les regardent pas comme glorieux? Il s'agit, dites-vous, de Bordeaux livré aux troupes anglaises? et ne s'est-il pas trouvé des hommes qui ont écrit de gros livres pour prouver que c'étaient eux qui avaient livré Toulon aux Anglais, et qui, pour l'établir, ont publié les certificats des généraux de Georges III? tant est grand l'aveuglement des passions politiques, puisqu'elles revendiquent, comme acte de vertu, ce que la morale de tous les peuples a flétri comme le plus grand des attentats.

Ainsi, le législateur était sage quand il ne donnait le droit de se plaindre, en diffamation, qu'à la personne à laquelle le fait est imputé. Ainsi était proscrite d'avance l'accusation inconcevable que les municipaux de Bordeaux ont cru pouvoir porter devant vous.

Mais, disent les plaignans, si nous nous plaignons ce n'est pas en notre nom, c'est au nom de la ville de Bordeaux, dont le dévouement, à une époque mémorable, a été outrageusement travesti dans l'article incriminé.

Nous verrons plus tard si la ville de Bordeaux est outragée par les assertions de l'auteur. Mais d'abord, je demande aux adversaires, dans quel titre, par quel acte, à quelle époque la ville de Bordeaux les a constitués représentans de ses intérêts, dépositaires de son honneur, vengeurs de sa querelle?

Messieurs, je puis estimer le zèle des municipaux actuels; mais je crains qu'ils ne se fassent de leurs devoirs une idée beaucoup trop étendue. Je puis voir en eux des citoyens honorables d'une grande cité; des commissaires du préfet, parfaitement capables de contrôler les opérations du maire, qui n'est lui-même que le commissaire de la couronne.

Un agent de la couronne, réuni aux agens de la préfecture, peut administrer convenablement les deniers municipaux (il ne faut pour cela que de l'intégrité); mais ils ne peuvent plaider pour leurs concitoyens. Quel lien les unit aux passions, aux besoins moraux qu'ils prétendent défendre? Ont-ils reçu une mission spéciale ou générale? directe ou indirecte? et depuis quand peut-on agir, en justice, au nom d'un tiers, sans mandat, sans procuration, sans mission.

Je ne vois là qu'une plainte d'office ; mais encore une fois les plaintes d'office sont interdites par la loi nouvelle.

A Dieu ne plaise que je vienne ici élever une discussion incidente, sur l'étendue des pouvoirs et des droits des Corps administratifs actuels ! Mais lorsque les lois existantes, rendues sous un Gouvernement qui, certes, ne fut pas prodigue de concessions populaires, donnent aux communes le droit d'intervenir dans la composition des municipalités, au moins par voie de candidature, lorsque aucune de ces lois n'est rapportée, lorsque toutes sont confirmées par la Charte, il m'est permis de dire aux municipaux actuels : Vous n'êtes ni les mandataires, ni les représentans, ni les tuteurs, ni les élus de cette noble cité ; elle ignore votre existence. Créatures de la volonté d'un préfet, révocables au gré de ses caprices, c'est par un caprice que vous avez occupé les siéges des anciens représentans de la cité. Administrez, s'il le faut, les richesses de Bordeaux, mais n'administrez pas son honneur ; restez étrangers à ses outrages : Bordeaux n'a pas besoin d'être vengé ou réhabilité par vous ; il ne veut pas servir de prétexte à des discussions dont le but réel est de faire célébrer, par des arrêts, un dévouement tardif et sans dangers, s'il n'est pas sans profit.

Question du Fonds.

Messieurs, jusqu'ici nous avons combattu la plainte du Conseil municipal, en cherchant à démontrer que ce Corps n'a pas qualité pour élever la plainte actuelle, et ne fait autre chose qu'exercer le droit d'autrui, en relevant des imputations qui ne le touchent pas. Si cette opinion était la vôtre, il serait inutile de vous occuper du fonds de la cause, c'est-à-dire, de la vérité ou de la fausseté des faits diffamatoires, et de l'existence matérielle de l'imputation elle-même.

Maintenant, plaçons-nous sur le terrain choisi par les plaignans; oublions leur qualité; oublions qu'ils sont étrangers aux faits dont ils se plaignent; soumettons à une démonstration rigoureuse les assertions qu'on suppose les plus diffamatoires, et nous verrons si c'est pour éviter la lumière et pour fuir la vérité, que nous provoquions hier l'annullation de la procédure qui nous a conduit devant vous.

Mais, avant tout, fixons-nous bien sur les principes qui régissent l'appréciation des plaintes en diffamation, afin que nous n'ayons plus ici qu'à les invoquer, sans en renouveler sans cesse la démonstration.

Sur ces principes, du moins, nous n'éprouverons pas de contradiction de la part du ministère public.

L'article 13 de la loi du 17 mai appelle *diffamation, l'allégation ou l'imputation d'un fait.*

Ainsi, d'abord, il faut qu'on ait imputé *un fait,* et non pas seulement *une intention;* car une définition pénale est sacramentelle, et la criminalité ne s'établit ni par induction, ni par analogie, ni par conséquence. *Il faut qu'un fait soit imputé au plaignant;* car dans la législation nouvelle, toute imputation contre des fonctionnaires publics amène nécessairement une vérification, des preuves, des témoignages, des débats. Il faut qu'on puisse prouver à celui qui se plaint d'une *imputation,* que le fait imputé a existé, et confondre ainsi la témérité de celui qui n'a pas été retenu par la voix de sa conscience.

On prouvera *un fait,* parce qu'un fait a été vu, il a eu des témoins qui en ont remarqué le commencement, le milieu et la fin; mais on ne prouvera pas une *intention,* parce qu'elle est toute entière dans l'intimité du cœur humain; elle appartient à une autre juridiction, à une juridiction immortelle autant qu'infaillible; elle n'a d'autre témoin que Dieu, qui en est en même temps le juge et le vengeur.

D'où il suit qu'affirmer qu'un individu, en souffrant un acte inévitable, en exécutant une action indifférente et louable, *avait une intention criminelle*, n'est pas une diffamation, parce que la loi n'attribue ce caractère qu'à l'assertion qu'un fait a existé.

L'article 21, qui établit la forme et les conditions de la preuve, est inséparable de l'article 13, qui exige *l'imputation d'un fait.*

En second lieu, il faut que le *fait imputé* soit présenté comme *personnel au plaignant;* car sans cela, quel intérêt le plaignant peut-il avoir à ce que l'assertion soit jugée fausse ou réputée vraie. Au criminel comme au civil, la plus certaine des maximes, c'est que *l'intérêt est la mesure des actions :* sans intérêt personnel, point d'action recevable. Nul ne peut se constituer le gardien des droits d'autrui, et l'arbitre d'un honneur qui n'est pas le sien : sans cela, l'intervention indiscrète d'un tiers pourrait souvent élever des plaintes contraires aux voeux des véritables intéressés, et crier à la calomnie, quand celui-ci applaudirait comme à des assertions honorables.

Ce n'est pas que l'indication nominale d'un individu soit indispensable; mais il faut, si elle n'est pas nominale, qu'elle soit du moins assez précise pour lever tout équivoque. Si l'imputation est faite par une locution collective, il faut du moins que le plaignant puisse affirmer et prouver que c'est de lui, et *seulement de lui* que l'écrivain a pu vouloir parler ; car, s'il y avait du vague dans l'indication, l'honneur de personne n'en serait atteint : personne ne pourrait donc se plaindre.

D'un autre côté, il faut que l'écrit argué de diffamation renferme autre chose que la simple opinion de l'écrivain, sur un fait dont l'existence n'est pas contestée.

Je n'ai pas le droit, en effet, d'exiger l'estime et l'affection de mon voisin ; j'ai seulement le droit d'empêcher qu'il m'enlève celle d'autrui, en me représentant sous des couleurs mensongères, et comme l'auteur d'actions qui ne sont pas les miennes.

Ce n'est pas que la manifestation du mépris soit permise dans tous les cas : l'article 13 la punit quand elle est exprimée dans des termes qui annoncent l'intention de blesser ou de porter préjudice.

Mais la simple manifestation d'une opinion improbative n'est jamais punissable. La raison en est que l'article 13 ne l'a pas interdite, et que la loi pénale ne peut pas être étendue.

Qu'un général sauve son pays par une grande victoire, il sera libre à l'envie de méconnaître ses services, et de prouver que son courage s'est écarté des règles d'une théorie rigoureuse. Que quelques hommes ne voient qu'une faute heureuse dans des événemens qui commandent l'admiration de la patrie, les efforts de ces détracteurs de la gloire ne seront pas des actes de diffamation.

L'estime publique tire tout son prix de la liberté des suffrages qui en préparent la manifestation ; on ne l'obtient pas par la force ; on ne lui commande pas par des arrêts ; ce n'est pas un bien dont l'autorité dispose : dans son indépendance, elle juge les erreurs du pouvoir, elle console ses victimes, elle flétrit ses excès ; et, par son inflexible et muette improbation, elle empêche le crime heureux, la trahison triomphante, de prévaloir contre la vertu, et en appelle des caprices de la fortune, à la justice de la postérité.

Ces réflexions, Messieurs, ne sont pas étrangères à la discussion délicate où mon devoir m'ordonne de me livrer en ce moment ; et peut-être elles commanderont quelque modération à des passions ardentes qui ne sont pas encore accoutumées au langage austère de la vérité.

Occupons-nous d'abord de la plainte personnelle portée par M. le maire de Bordeaux.

Je vois dans la lettre que ce magitrat écrivait à M. le procureur-général, sous la date du 14 mars, que M. le maire se plaint, tout à la fois, de diffamation et d'injure, pour être bien sûr d'atteindre ses vues par cette double accusation.

Ainsi, d'abord, le maire se plaint qu'on lui a imputé des *faits* qui porteraient atteinte à son honneur ou à sa considération ; et, en même temps, qu'on a employé, à son égard, des expressions *outrageantes*, termes de mépris ou invectives.

Et, d'abord, quelles sont ces *expressions outrageantes*, termes de mépris ou invectives ? C'est ce que M. le maire ne dit pas ; c'est ce que le ministère public n'explique pas davantage, quoiqu'il eût dû donner plus de consistance à l'accusation qu'il devait soutenir. Ainsi nous sommes forcés de nous borner à soutenir qu'il n'y a, dans l'article de la Tribune, aucune *expression outrageante*, *termes de mépris* ou *invectives*, dont M. le maire ait droit de s'offenser ; et cette déclaration doit suffire, jusqu'à ce que la partie publique nous dise quelles sont ces expressions. Si elles existaient, on les relèverait sans peine, et nous les justifierions sans efforts.

Quant à l'imputation des faits, l'accusation est plus précise. On impute à M. le maire, nous dit-on, d'avoir voulu exciter ses concitoyens à la discorde. C'est à-peu-près le résumé de l'accusation sur ce point.

La réponse de M. Pujos sera bien simple. Il n'a pas dit que M. le maire *a voulu* exciter les passions ; mais seulement, qu'il a pu, *sans le vouloir*, produire ce déplorable effet, par le préambule de sa proclamation : il a donc pensé, non pas seulement qu'il avait le droit, mais qu'il était dans le devoir d'exprimer son opinion sur cet acte de M. le maire. J'ajouterai que cette opinion de M. Pujos, était la seule que pût faire naître la lecture de la proclamation municipale.

Quel que soit le respect que M. le maire puisse exiger, il me sera sans doute permis de rappeler que les actes de son autorité sont du domaine de la critique. Quand nos usages constitutionnels n'en dispensent pas les actes des autorités les plus éminentes de l'État ; quand les arrêtés des ministres, les lois elles-mêmes, sanctionnées par les trois branches de la législature ; quand les arrêts des Cours souveraines sont soumis à l'examen et à la controverse, comment se ferait-il que les proclamations d'un maire, restant inviolables et sacrées au milieu des actes de toutes les autorités, ne pussent jamais rencontrer un regard improbateur ?

Certes, une pareille conséquence ne sera jamais soutenue dans cette enceinte ; et le ministère public, dont chaque jour les doctrines, les opinions, les réquisitions même sont combattues par moi avec une fermeté dont la loi nous fait un devoir, le ministère public qui est placé dans l'ordre social bien plus haut qu'un simple officier municipal, le ministère public sait bien que la liberté de l'examen est nécessaire pour donner à la vérité tout son lustre, et pour l'entourer de tous nos respects.

Le droit de critiquer les actes du pouvoir emporte aussi, pour le critique, le droit de se tromper quelquefois ; si l'erreur est excusable dans les dépositaires de l'autorité, elle ne peut être un crime dans ceux sur lesquels l'autorité pèse de tout son poids.

Quand M. Pujos a cru voir, à tort ou à raison, quelques dangers dans la publication municipale du 11 mars, pourquoi n'aurait-il pas dit ces dangers ? pourquoi n'aurait-il pas averti le maire de l'importunité de ses exhortations ?

Si M. Pujos se trompe, tant mieux pour l'autorité, à qui des éloges complaisans sont plus dangereux que des critiques injustes, dont bientôt la raison publique fera justice.

Si M. Pujos a bien jugé l'écrit municipal, son avis mérite reconnaissance et non pas punition.

M. Pujos a-t-il accusé l'intention du maire ? Je défie qu'aucune phrase puisse en fournir la preuve.

Il a accusé l'écrit, et ne s'en défend pas ; mais ne peut-on pas improuver l'émission de certaines pensées, l'emploi de certaines expressions, sans faire le procès à l'auteur, et l'accuser d'une volonté criminelle ?

L'intention d'un écrivain n'est pas toujours la cause des dangers de son écrit, ni la mesure de sa criminalité ; c'est dans la passion de ses lecteurs, c'est dans les circonstances propres à leur donner une impulsion violente, c'est là qu'est le danger de ces publications propres à fournir des élémens aux partis. Souvent telle proclamation aurait passé, presque inaperçue, sous les yeux du public, dans une époque de paix et de bonheur, qui, en apparaissant dans des temps orageux, réveillera des ressentimens mal assoupis, excitera des espérances illégitimes ou des craintes qu'il faudrait calmer. Plus un fonctionnaire est éloigné, par son noble caractère, de ces affections déréglées qui troublent le repos des Etats, plus il court le risque que des paroles innocentes dans sa bouche, reçoivent, des partis, ce commentaire qui en dénature le sens, et ne soient accueillies comme un encouragement par des passions qui ne cherchent qu'à se tromper elles-mêmes.

Telle était la pensée de M. Pujos quand il voulait critiquer la proclamation municipale. Il rendait justice aux intentions du magistrat qui l'avait dictée ; mais il craignait la logique des commentateurs à poignard, qui, dans des jours de crise, ne cherchent qu'un prétexte pour légitimer leurs écarts.

Ce que je viens de dire serait vrai, quand M. Pujos se serait trompé, quand ses craintes auraient été chimériques : on pourrait se moquer des périls créés par une imagination timide, mais on ne pourrait y voir une diffamation que pour les factieux, dont les fureurs seraient, à tort, signalées comme un sujet d'épouvante.

Mais que sera-ce donc si les terreurs de M. Pujos ont été raisonnables, et si les expressions de l'écrit municipal pouvaient, dans les circonstances d'alors, recevoir l'interprétation à laquelle M. Pujos a cru devoir faire une affligeante allusion.

Nous étions dans ces jours funèbres où le poignard d'un assassin donna le signal de la décadence du régime constitutionnel. Les écrivains d'un parti, les adresses inconstitutionnelles d'une foule de Corps constitués accusaient les lumières du siècle et les nouveaux intérêts, du crime qui venait de faire couler le sang des Bourbons. Une voix, partie du haut de la tribune, désignait comme complice de l'assassin, le ministre que l'on accusait d'avoir trop favorisé les amis de la liberté constitutionnelle. L'hypocrite s'efforçait de signaler son zèle par d'extravagantes calomnies ; des classes entières de citoyens étaient frappées d'anathème, et le fanatique, dans sa soif de sang, s'écriait que c'étaient les *doctrines qui avaient tué le duc de Berry.*

Dans cette disposition des esprits, celui qui, dans une proclamation, dénonçait à l'indignation publique *l'audace croissante des ennemis du trône*, avait peut-être en vue ces hommes qui s'efforçaient alors d'environner le trône de terreurs, et de semer la haine et la méfiance entre le peuple et le monarque ; peut-être désignait-il ceux qui, pour venger le sang des Rois, appelaient de leurs vœux la ruine des lois du pays.

Que telles aient été alors les intentions du maire de Bordeaux, je pourrais le croire ; et, s'il l'affirme lui-même, j'en serai convaincu.

Mais que ces expressions aient offert une déplorable analogie avec tant d'autres écrits officiels qui désignaient, comme ennemis des droits du trône, les hommes qui n'étaient pas les ennemis des droits de la nation, c'est ce que personne ne pourra contester ; que cette analogie ait fait sourire certains hommes dont la joie n'est pas toujours le signal de la concorde et de la paix, c'est un fait sur lequel j'invoque la conscience de tous les gens de bien qui m'écoutent, et le souvenir des magistrats eux-mêmes.

Et que dirai-je de cet appel du maire à d'*énergiques démonstrations?* A qui s'adressait cet appel que l'on n'entend jamais que la veille des convulsions politiques? contre qui cet appel était-il dirigé? où est l'ennemi qu'il faut combattre? où sont les rebelles qu'il faut dompter? quel est le champ de bataille où va couler le sang de la fidélité?

C'est, nous dit-on, l'énergie de l'amour et de la vertu?......

L'*énergie de l'amour et de la vertu!* Mais la langue française est donc altérée, et les mots perdent donc tout à la fois et le sens qui leur est propre, et le sens que leur assigne celui de la phrase dont il font partie......

L'*énergie* suppose des obstacles à vaincre ou à renverser, des sacrifices à faire, des dangers à mépriser, des maux à souffrir, des œuvres difficiles à exécuter. On parle de l'*énergie* d'un général ou d'un homme d'état; on craint l'*énergie d'un ennemi;* on sollicite, dans un danger, l'*énergie* de l'amitié. Le crime a aussi son énergie: les murs de Nîmes et d'Avignon s'en souviennent encore.

En un mot l'*énergie* séparée de l'idée d'action, est un véritable non-sens.

Ainsi, ces mots, dans la proclamation de M. le maire, accompagnés qu'ils étaient de celui de *démonstrations*, qui suppose un acte extérieur, ne pouvaient présenter d'autre idée que l'invitation à une action, à une de ces actions que les passions violentes peuvent seules commander. Ajoutez-y le commentaire des partis, dans une époque orageuse.

Que M. le maire ait eu d'autres intentions; qu'il n'est pas assez pesé la valeur de son langage ; qu'il n'ait pas prévu tout le parti qu'en pouvait tirer des haines qu'il ne partageait pas : c'est ce qui est possible encore ; c'est ce que garantissent assez les vertus de ce magistrat, auquel M. l'avocat-général a rendu un si juste hommage.

Mais enfin, que cette explication ait pu être donnée, à son insçu et malgré lui, par des commentateurs qu'il aurait désapprouvé, c'est ce qui est incontestable ; et cette possibilité suffit pour justifier l'écrivain courageux qui n'a pas craint de déplaire pour servir.

Sans doute M. le maire, s'il était présent à cette audience, nous dirait qu'une telle interprétation est vicieuse. Quel écrivain, en effet, a jamais été de l'avis de ses critiques ? Quel ministre dont on a combattu les projets ou les actes, a jamais manqué de prétendre que ses détracteurs ne comprenaient pas ses vues ? Et M. Pujos lui-même reproche aussi à ses accusateurs de travestir sa pensée; mais cette prétention, comme celle de M. le maire, est peu importante au procès ; il ne s'agit pas de savoir quel est le sens que M. le maire donne à sa proclamation, mais quel est celui que ses administrés ont pu raisonnablement lui assigner.

Reprochera-t-on à M. Pujos les formes de langage dont sa critique est revêtue? mais n'était-il pas le seul arbitre des formes qui lui paraîtraient les plus propres à faire ressortir sa pensée?

Sans doute il aurait pu employer les formes sévères d'une argumentation scolastique, et déduire avec méthode les principes et les conséquences; mais on m'accordera aussi que ce n'est point là une forme sacramentelle et qu'on peut blâmer ou louer autrement que par syllogismes.

Chaque peuple, chaque siècle a ses mœurs, son génie, son goût littéraire, une tournure d'esprit qui lui est propre, et qui doit régler le style de ses écrivains.

Chez nos voisins de la Grande-Bretagne, où les factions politiques se nourrissent moins de dissentimens que de haines, l'écrivain polémique ne peut se faire écouter qu'en s'adressant aux passions les plus véhémentes. Les habitudes d'une liberté orageuse, le plaisir qu'a le peuple à humilier les grands, tout cela rend la presse licencieuse. La critique y est souvent accompagnée d'injures; et la plus légère différence d'opinion fait que l'Anglais menace et invective, là où l'Italien prie, et où l'Allemand raisonne.

Mais le Français aime la raillerie ; nos habitudes sociales font de la finesse un besoin, et de la convenance un devoir. L'autorité succombe si elle devient ridicule; parmi nous, comme à Athènes, se moquer avec esprit c'est combattre; et l'écrivain qui maniera le plus habilement le sarcasme, sera toujours le plus redouté.

L'ironie de M. Pujos, au sujet de la proclamation municipale, est d'ailleurs grave et sérieuse comme son sujet. C'est le langage que commandait le goût de ses lecteurs ; et le procès d'aujourd'hui prouve assez qu'il avait saisi le côté vulnérable. On eût méprisé une critique grossière ; on eût argumenté contre des syllogismes; mais on a été sans réponse au sourire malin du public. C'est pour cela que l'on s'est adressé à la Justice.

C'est le bouclier de la loi qu'on veut opposer aux traits acérés du ridicule.

Rendre plainte contre la raillerie, est, grâce au ciel, un procédé auquel nous ne sommes pas accoutumés en France. Aux jours du despotisme, le pouvoir ne redoutait pas les railleurs. Le satirique français ne fut pas recherché pour avoir publié son arrêt burlesque du Parlement en faveur d'Aristote ; le Lutrin n'a point servi de sujet à une accusation d'irreligion ; le cardinal Mazarin souffrait qu'on le chansonnât ; tous les ministres en France ont eu le même sort et la même résignation ; Choiseuil, Turgot, Malesherbes, ont souffert le ridicule : l'histoire les a vengés par l'immortalité.

Pourquoi M. le maire de Bordeaux s'offenserait-il de ce genre d'attaque, dont aucun de nos grands hommes ne fut exempt, et qui, parmi nous, est comme le tribut que le pouvoir paie à l'esprit de notre nation.

On ne lui a point prêté des expressions qui lui seraient étrangères ; c'est de son langage même, fidellement reproduit, qu'est sortie la critique : ce n'est pas M. Pujos qui y a placé le ridicule, il n'a fait que le montrer.

M. le maire prétend qu'on lui a imputé l'intention d'exciter ses concitoyens à la discorde ? Mais dans quelle phrase se trouve cette imputation ? Elle n'est nulle part. Ni le maire, ni la chambre d'accusation, ni le ministère public, n'ont pu indiquer la phrase criminelle : nulle part il n'est question des intentions du maire ; il n'est question que de son écrit, qui, comme acte public, tombait essentiellement sous le domaine de la censure.

Plainte du Conseil municipal.

Pour justifier M. Pujos de l'accusation que M. le maire a intentée, l'examen de l'écrit lui-même a pu suffire ; mais la plainte du Conseil municipal embrasse des faits d'une telle importance, et d'une telle étendue, qu'il devient indispensable de se fixer sur les circonstances au milieu desquelles s'est accompli l'événement dont on veut que M. Pujos ait méconnu le véritable caractère.

La thèse que nous avons à soutenir dans cette partie de la discussion, c'est l'assertion contraire à celle du Conseil municipal, c'est-à-dire, que Bordeaux a été occupé par l'armée anglaise, au nom du souverain de l'Angleterre.

Ce n'est pas une méthode nouvelle dans le cabinet britannique, que de séduire ceux qu'il n'a pas pu vaincre, et de tromper ceux qu'il n'a pas pu séduire. Habiles à revêtir toutes les formes, à emprunter tous les genres de langage, cachant l'épée sous la toge du pacificateur, ils s'avancent, avec des paroles amies, jusqu'aux remparts des cités : ainsi s'ouvrent pour eux des portes qui résistaient à l'airain des combats; et l'ennemi simple et loyal, qui crut à leur loyauté, ne se réveille que dans les fers. Ainsi, depuis le jour (1) où, sous le nom d'une mère barbare ou d'un père insensé, ils dictaient, dans Troyes, le traité qui dépouillait Charles 7, et transférait sa couronne au roi d'Angleterre VII, jusqu'au jour où Paris a vu ces prétendus alliés dépouiller ses Musées,

---

(1) En l'an 1420.

enlever ses monumens, et mettre au prix d'un milliard l'indépendance de notre patrie, toujours et partout la même politique, la même hypocrisie; et l'histoire dit assez que cette grandeur sous laquelle gémit l'Europe, doit plus encore au caducée de ses négociateurs, et à l'or de ses banquiers, qu'à l'habileté de ses généraux.

Tels l'histoire nous les montre depuis six cents ans, tels nous les avons vus, naguère, dans nos provinces et dans nos cités. Dans le nord du royaume, dans la capitale, c'était au nom des idées libérales qu'ils ranimaient les intérêts de la révolution contre l'homme dont ils voulaient détruire le pouvoir; dans le midi, aux hommes qui manifestaient leur dévouement à la race exilée de nos Rois, ils laissaient entrevoir l'espérance d'accomplir enfin l'œuvre si difficile de la restauration. De même, aux jours de 93, ils favorisèrent, à Lyon, l'explosion du fédéralisme, et promirent, à Toulon, la constitution de 1791; et plus tard, en 1800, ils excitaient à la fois le zèle royaliste et les ressentimens de l'orgueil républicain, irrité, mais non dompté, par les premiers pas du Consulat naissant. Ainsi, nos pères les avaient vu caresser et soutenir tour-à-tour les Armagnacs et les Bourguignons, suivant le besoin du moment; et notre enfance a vu les jours de Quibéron.

Que quelques hommes aient été séduits par des promesses mystérieuses, contredites par le langage officiel, je le conçois, parce qu'il est impossible d'assigner une borne à la crédulité des passions; mais lorsqu'à la face du Monde civilisé les négociations se continuaient avec le gouvernement impérial, quelles idées des hommes raisonnables peuvent-ils se faire des engagemens allégués relativement aux Bourbons, si ce n'est d'un acte d'hypocrisie de plus, ajouté à la nomenclature de ceux que l'histoire a conservés.

Si cette erreur s'accrédita, ce ne fut point la faute du général anglais. Le marquis de Wellington, le maréchal de Béresford, dans leurs actes publics, protestèrent sans cesse, comme vous l'avez entendu, qu'ils voulaient rester étrangers à ce mouvement politique, et cependant se préparaient à en recueillir les avantages; sans se soumettre ni à des dangers inutiles pour leurs combinaisons militaires, ni à l'engagement de soutenir les efforts dont on leur annonçait la prochaine explosion.

Si les témoins avaient été entendus, ils vous auraient appris quelle a été la conduite tenue par les généraux anglais, quand ils ont occupé les provinces méridionales de la France. Cette conduite, qui embrasse un espace de quarante jours, et qui s'est étendue sur plusieurs départemens, a été tellement uniforme de la part de tous les officiers généraux britanniques, que l'on ne peut y méconnaître les instructions de leur gouvernement.

A Toulouse, comme à Saint-Sever; à Dax, comme à Bordeaux, ils annoncent à leur gouvernement, ils annoncent aux habitans des pays occupés, qu'ils agissent, qu'ils combattent, qu'ils conquièrent pour le roi Georges, et non pour un autre souverain; et le Conseil municipal de Bordeaux, donnant un démenti à ces proclamations, à ces rapports officiels, ose affirmer que ces Anglais ne conquéraient pas pour leur souverain, qu'ils n'étaient pas des conquérans, mais des voyageurs inoffensifs; et cependant, le 12 avril, les flots de la Garonne, ensanglantés à Toulouse par les derniers efforts de l'héroïsme français, ont apporté sur vos rivages les cadavres de nos héros, tristes monumens des triomphes de celui dont vos théâtres ont salué la valeur.

Vous prétendez que les Anglais étaient les alliés et formaient le cortége d'un fils de France. Étranges auxiliaires! qui laissent dans un isolement absolu la cause que, selon vous, ils venaient relever. Étranges auxiliaires! qui, pendant un mois, détournent les fonctionnaires et les habitans de Saint-Sever, de Dax et de Toulouse, de toute adhésion à la restauration royale, comme d'une détermination dangereuse et désavouée par les vainqueurs. Étrange cortége du fils de Henri IV! que cet Anglais qui traitait avec Napoléon, et qui le déclarait, au capitole de Toulouse.

Vous prétendez que les puissances s'étaient engagées à rétablir les Bourbons : cette croyance a fait le 12 mars; et pourtant, le 30 mars, l'empereur Alexandre et l'ambassadeur anglais notifiaient au sénat qu'ils n'entendaient pas contraindre la nation dans le choix de son nouveau gouvernement.

On parle d'alliance! qu'on nous cite les titres, les dates, les conditions. Quels témoins l'attestent? Quels sont les historiens qui en ont conservé le souvenir.

On nous parle d'alliance : on ne la prouve pas; et je présente une foule de faits, de pièces, d'actes diplomatiques qui démentent cette grande imposture d'une flatterie trop généreuse. Quand les étrangers, vainqueurs, ont toujours voulu isoler leur cause de celle des Bourbons, pourquoi veut-on, après le danger, ennoblir le succès de l'ennemi, en l'expliquant par des secours que l'ennemi lui-même rejetait alors avec dédain?

M. l'avocat-général me répond par des faits et par des pièces dont il a cru faire un usage d'autant plus victorieux, qu'on nous ôte la faculté d'invoquer des pièces contraires.

Toutefois, ce que nous connaissons des faits du 12 mars nous fournira, à l'instant, des réponses que vous ne jugerez pas sans importance.

Sans doute, le Roi, dans son exil, et les amis qui servaient sa cause en France, s'occupaient, avant 1814, du dessein de rétablir en France le trône des Bourbons....... Nous le savons; et si nous avions pu l'ignorer, les récompenses accordées depuis six années, prouveraient assez l'infatigable constance des hommes dévoués à ce genre de tentatives.

Que S. A. R. Mgr. le duc d'Angoulême ait reçu des pouvoirs, datés d'Hartwel; que des missions aient été données à des habitans de Bordeaux; que Son Altesse Royale se soit rendue à l'armée du lord Wellington; qu'il ait publié telle ou telle proclamation à St.-Jean-de-Luz, c'est ce que nous confessons hautement; mais il reste toujours à prouver que les Anglais faisaient la guerre et occupaient le pays pour le Prince, sous sa direction, dans ses intérets, par ses ordres. C'est ce qui ne résulte pas des faits que nous admettons comme constans; c'est ce que nous nions formellement; c'est ce qu'affirme le Conseil municipal de Bordeaux; c'est ce que démentent les pièces dont on sait que nous sommes possesseurs et dont vous connaissez la substance. A l'appui de ces pièces, nous invoquons un témoignage plus imposant encore; c'est la déclaration officielle de M. le chevalier de Taffard de Saint-Germain, commissaire du Roi en Guienne, en 1813 et 1814, et commandant la garde royale du 12 mars.

Dans un écrit destiné à éclairer le public sur les faits de ce procès, et dont le contenu est certifié par M. de Pommiez, membre du conseil royal du 12 mars, M. de Taffard a imprimé cette phrase remarquable: *Depuis St.-Jean-de-Luz jusqu'à St.-Sever, le général anglais avait nommé ou confirmé les autorités administratives et municipales; elles ne devaient recevoir d'ordre que de lui ou de ses délégués.*

Voilà donc un point de départ bien constant. Depuis son entrée en France, depuis St.-Jean-de-Luz jusqu'à St-Sever, le général anglais faisait la guerre pour le compte de son gouvernement et non pas comme allié de S. A. R. Mgr. le duc d'Angoulême; et pourtant le prince était dans l'armée anglaise; il avait publié à St.-Jean-de-Luz ses deux proclamations et la mission royale dont il était investi.

L'inflexible Anglais, qui connaissait ces pièces, n'agissait pourtant pas encore comme allié des Bourbons. A-t-il changé plus tard de marche ou de conduite? c'est ce que nous allons examiner.

M. l'avocat-général cite, à l'appui de l'affirmative, une lettre écrite par Son Altesse Royale à

M. de Carrère, en le nommant préfet du département des Landes. Le ministère public paraît ignorer les suites de cette nomination. Le nouveau préfet ordonna au sous-préfet de Mont-de-Marsan de faire reconnaître l'autorité de S. M. Louis XVIII. Ce magistrat crut devoir consulter lord Wellington sur le parti qu'il devait prendre : l'Anglais lui répondit de n'en rien faire. Sa lettre vous a été lue : nous défions qu'elle soit contredite.

Ainsi, cette *preuve d'alliance* est une preuve du contraire. Le délégué du Prince donne un ordre d'une nature purement politique; l'Anglais oppose son *veto :* voilà certes une alliance bien exécutée.

Toutes les preuves du ministère public sont à-peu-près aussi concluantes.

Il a cité encore le discours adressé par M. le comte Lynch, maire de Bordeaux, à lord Béresford, en lui ouvrant les portes de la ville. Il est vrai que le maire a déclaré qu'il se rendait à S. M. Louis XVIII.

Il importe peu de savoir ce qu'a fait, dit ou voulu le maire : il fallait dire ce qu'a répondu lord Béresford. C'est ce que le ministère public ne dit pas; mais c'est ce qu'aurait dit l'un des commandans de la garde urbaine du 12 mars. Béresford répondit qu'il acceptait la ville pour Georges III, son maître; et cette déclaration a été répétée plusieurs fois par ce général anglais.

La même réflexion s'applique aux argumens du ministère public, au sujet de la proclamation publiée, par M. le maire, le lendemain du 12 mars.

Cette pièce, vous a-t-on dit, prouve que M. le comte Lynch ne se soumettait qu'à S. M. Louis XVIII, et non pas au roi d'Angleterre; mais, encore une fois, ce n'est pas les voeux du maire, pour le roi de France, qui sont l'objet du procès; c'est la conduite des Anglais et le titre de leur occupation militaire que nous devons examiner. Béresford a pu prendre pour Georges III, parce qu'il en avait la mission, le pouvoir et la volonté. Porter obstacle à l'accomplissement de ce dessein, n'était pas alors au pouvoir du maire de Bordeaux.

D'ailleurs, quelle qu'ait été la croyance de M. le maire au moment où il rédigeait sa proclamation du 12 mars, il a dû plus tard changer d'avis au sujet des droits que s'arrogeait le général anglais. Je tiens en main l'original d'un ordre émané de M. Lynch, qui, parlant au nom du commandant anglais, prescrit des mesures militaires au commandant de la garde urbaine. Cet ordre est en date du 20 mars. Alors, sans doute, le maire de cette cité, revenu de l'erreur d'un moment, sentit qu'il y avait, dans ces murs, une autre autorité que celle du Prince qu'il y avait appelé.

Ainsi l'ordre du maire, du 20, détruit les conséquences que l'on tirait de sa proclamation du 12 mars.

Le ministère public vous a parlé d'une lettre écrite le 14 mars, par lord Wellington, au ministère anglais, pour lui annoncer l'occupation de Bordeaux. Cette lettre, d'après la lecture qui vous en a été donnée, paraîtrait prouver que Bordeaux se soumettait à la cause royale.

D'abord, Messieurs les jurés, vous remarquerez que la source où M. l'avocat-général puise ses documens, non-seulement n'est pas authentique, mais est même suspecte de cet esprit de parti qui dénature à son gré les événemens et les témoignages.

C'est l'*Ambigu*, feuille écrite en français, où les émigrés et les autres partisans de la cause royale ont déposé, pendant vingt-cinq ans, leurs espérances et leurs regrets; c'est là que nos lois, nos arts, notre gloire, ont trouvé d'infatigables détracteurs; c'est là que, même aujourd'hui, les panégiristes des siècles passés envoient, chaque jour, les sottises les plus indécentes contre la marche du Gouvernement constitutionnel du Roi. C'est une feuille de parti qui n'épargne rien pour accréditer les fables que son parti favorise; et au nombre de ces fables est celle que je combats aujourd'hui.

Mais quand la version de l'*Ambigu* serait exacte, qu'en concluriez-vous ?

Que l'amour pour les Bourbons éclata dans Bordeaux, au 12 mars.

Je ne l'ai pas nié : ce n'est pas là notre thèse.

Qu'à cette époque, tel ou tel personnage ait cru servir la cause royale, quand il n'était que l'instrument du cabinet de Saint-James,

Je ne conteste pas non plus la possibilité d'un aussi étrange aveuglement ;

Mais y trouverez-vous la preuve que les Anglais n'ont pas occupé cette ville au nom de Georges III, pour Georges III et seulement pour lui ; qu'ils n'ont pas exercé les actes de l'autorité ?

Non. Cette preuve ne résulte pas de la lecture que vous a faite le ministère public ; et vous n'avez pas oublié que la preuve du contraire résulte précisément du rapport extrait du journal officiel que M. Pujos vous a fait connaître. Dans cette pièce, le général anglais ne dit pas à son gouvernement : *Cette place importante est en la possession de S. M. Louis XVIII ;* mais bien : *Cette place importante* EST EN NOTRE POSSESSION. *And that this important city,* IS IN OUR POSSESSION.

Ainsi le texte officiel complète et rectifie la pièce dont le sens a été visiblement altéré. Les témoins que vous venez d'entendre, ces témoins dont on n'a pu étouffer la déclaration, le marquis de Wellington et le maréchal Béresford, vous attestent que Bordeaux, après leur conquête, était en la *possession* de *Georges III*, et non pas en la *possession* de *S. M. Louis XVIII.*

MM. les conseillers municipaux ne désavoueront pas, sans doute, le témoignage de lord Béresford, *leur illustre allié ;* et quoique leur orgueil s'en indigne, ils étaient *possédés par Georges III.* Les agens de Georges III s'en vantaient du moins ; et cette assertion que méconnaissent ici les archives municipales, est une vérité reçue dans la diplomatie anglaise.

Ainsi, ce n'est plus M. Pujos, c'est le journal officiel de St.-James qu'il faut attaquer en diffamation.

Lord Béresford savait mieux que vous, municipaux de 1820, étrangers aux affaires de 1814, il savait mieux que vous comment et pourquoi *il possédait* Bordeaux ; à lui seul appartenait le droit de rendre hommage à la vérité, et de démentir des complimens de courtoisie qu'on veut aujourd'hui convertir en vérités judiciaires.

Ces paroles du général *possesseur* sont plus concluantes dans la cause, que les proclamations du maire de la ville *possédée.*

Pour démentir le fait de la conquête anglaise,

nous demandions à nos accusateurs le droit de produire des actes d'une autorité supérieure, émanés du représentant de S. M. Louis XVIII.

M. l'avocat-général a cité un réglement pour la perception des droits de douannes, émané de S. A. R. le duc d'Angoulême, sous la date du 18 mars.

Il en est de cette pièce comme de toutes celles dont on vous a déjà parlé. M. l'avocat-général, absent de Bordeaux à cette époque, comme il le dit lui-même, n'a connu les faits que par des rapports étrangers, où l'on a pris soin de ne faire connaître qu'un seul point de vue des événemens. C'est à nous à compléter ces récits ; et ce n'est pas notre faute si la vérité, ainsi rétablie, détruit de fond en comble tout le système de l'accusation.

L'armée anglaise, maîtresse de cette ville au 12 mars, n'oublia pas les intérêts du commerce de sa patrie ; car la gloire et l'argent ne sont jamais séparés dans les combinaisons du gouvernement britannique.

Le général anglais exigea du Prince français la libre entrée des marchandises anglaises ; c'est ce qui fut accordé par le réglement du 18 mars. Oui ce réglement fut donné par Son Altesse Royale ; mais contre-signé, approuvé, et, pour ainsi dire, *rendu exécutoire* par le général Dalhousie, qui *possédait* la ville pour *Georges III.*

On nous dit, Son Altesse Royale a fait des actes d'autorité pendant son séjour à Bordeaux ; nous répondons : L'exercice de l'autorité de ce Prince n'est pas niée; mais ne détruit pas le fait de la *possession anglaise*. L'Anglais a fait ici des actes d'une autorité supérieure, et ces actes ont eu lieu sans approbation comme sans entraves de la part du Prince; au lieu que dans toutes les déterminations importantes, quand le fils de France agit, nous avons la douleur de voir l'influence anglaise accompagner ou paralyser sa marche.

Le fils de France nomme un préfet dans les Landes : l'Anglais empêche qu'on ne lui rende obéissance.

Il nomme, à Bordeaux, M. Lynch préfet *par intérim* : et le 20 mars ce préfet transmet à la garde urbaine les ordres du commandant anglais, qui n'agissait pas au nom du Roi de France, mais déclarait *posséder* au nom de son maître.

Son Altesse royale fait un réglement des douannes : il faut que le nom d'un Anglais intervienne encore.

Les Anglais, au contraire, ont exercé, dans toute sa plénitude, le droit de la conquête, ou, comme ils le disent, le droit de *possession*.

Qui a confisqué les propriétés particulières ? c'est M. le marquis de Wellington : apparemment par *droit de cortége*, si ce n'est par droit de conquête. Que le ministère public nous dise quel est le traité, quel est l'usage qui attribue le droit de confiscation à ceux qui servent de *cortége* aux princes qui rentrent dans le pays où leurs aïeux ont régné (1)?

Qui a perçu les contributions publiques? le maréchal Béresford, sans doute; car, n'est-ce pas à la générosité de quelques amis fidelles, que le Prince français a dû les premiers secours que réclamait sa noble infortune. Ses alliés, son cortége, disposaient d'immenses richesses.

Qui a fixé le cours des monnaies? c'est une ordonnance du marquis de Wellington, qui a exercé ce grand acte de la souveraineté. Je ne sache pas que les Suisses, qui servent aussi comme alliés dans nos rangs, aient cru avoir le droit de fixer le cours des monnaies.

Qui a pourvu à l'administration de la justice? le marquis de Wellington, qui s'est aussi réservé le droit d'en nommer les officiers.

S'il est vrai, comme le ministère public l'affirme, que l'autorité royale s'est exercée à Bordeaux seule et sans mélange, qu'il nous dise si c'est au nom

---

(1) Le droit de confiscation a été exercé le lendemain. C'est le 13 mars que les scellés ont été mis sur les vaisseaux l'*Eugène*, et sur le *Requin*, transformé, à cet effet, en corvette.

Le prix de ce vaisseau a été payé aux Anglais, en 1817. (Voy. Discours de M. Pujos.)

du Prince ou du Roi, son oncle, que la justice se rendait dans vos murs ?

Qui a pourvu à l'organisation d'une force sédentaire ?

C'est le général anglais qui a réuni de nouveau la garde urbaine, après le 12 mars. Le duc d'Angoulême fut étranger à cet acte.

Qui a puni des administrateurs désobéissans ? C'est M. le duc Wellington qui a prouvé au maire de La Teste que ce droit n'appartenait qu'à lui seul.

Quelle peine a-t-il infligée ?

La déportation en Angleterre, comme pour prendre sur son compte tout le fardeau de la souveraineté.

Qui a désarmé la garde urbaine de Bordeaux ? Qui lui a rendu ses armes en partie ? Qui lui a adressé des ordres du jour ? Qui l'a dispensée de prendre la cocarde blanche ? Qui lui a donné le mot d'ordre ? Au nom de qui M. le comte de Lynch a-t-il parlé aux citoyens qui la composaient ? De quelle inimitié puissante ce magistrat menaçait-il ceux qui résistaient à ses ordres ?

Voilà des actes dont l'ensemble constitue la puissance suprême.

Il semblerait que, d'après la fiction officielle, dans laquelle se complaît la vanité municipale, il semblerait que le nom du Prince doit répondre seul à toute ces questions, et que le général anglais n'était là que pour prêter main-forte.

Malheureusement il n'en est pas ainsi : c'est le général anglais qui a seul défendu ou ordonné. Si le maire commandait, c'est au nom du 7.e corps anglais, et non pas au nom du Prince, dont la garde n'était pas reconnue par le général anglais, et qui n'avait d'autorité réelle que sur l'affection de quelques serviteurs fidelles.

La fiction municipale s'évanouit devant l'autorité des faits. Pendant l'époque où l'on prétend que le Prince exerçait la plénitude des droits du trône, non-seulement il ne gouvernait pas, mais il n'avait pas même à sa disposition la force militaire.

Quelle était alors à Bordeaux la force publique ?

L'armée anglaise ? elle obéissait à lord Béresford ou à lord Dalhousie, et jamais n'a reçu un ordre du Prince.

La garde urbaine ? Béresford seul la commandait. Le Prince ne put en passer la revue, et ses couleurs n'étaient pas portées par elle.

Serait-ce le corps qu'on appelait alors garde royale ? mais vous savez que ce corps n'avait rien de légal ; il ne recevait pas le mot d'ordre ; et ses patrouilles étaient arrêtées par la garde qui veillait à la sûreté de la ville.

Que ce Prince eût alors tous les droits de son sang ; je ne veux pas le nier ; mais ces droits n'étaient pas d'une autre nature qu'avant qu'il eût passé le détroit. Ces mêmes droits n'empêchaient pas, six mois avant l'existence du pouvoir de fait, qui résidait sur une autre tête au 12 mars, que l'autorité militaire residât dans la main du général Béresford : il avait seul la force, il avait seul le pouvoir.

Ici le Ministère public nous oppose cette lettre par laquelle le général anglais déclarait à Son Altesse Royale, qu'il ne se considérait que comme occupant un poste purement militaire. Voilà bien, nous dit-on, la preuve que le conquérant lui-même reconnaissait l'autorité dont le Prince était investi.

Cette lettre ne fait que confirmer le système du prévenu; car des faits également vrais se confirment mutuellement. Les Anglais, maîtres de cette ville, *possesseurs* de la place, comme ils le disaient, mais n'ayant alors qu'un *but militaire*, ont fait par eux-mêmes tous les actes d'aurorité qui se rattachaient à leurs desseins ; mais ont laissé le Prince français faire ce qui ne contrariait pas leurs vues. La présence du duc d'Angoulême à Bordeaux favorisant l'élan du parti royaliste, favorisait, en même temps, les progrès de l'armée d'invasion, quoique ce Prince ne fît que réveiller les sentimens ennemis de l'autorité impériale.

Je ne sais pourquoi quelques hommes, oubliant

les augustes infortunes que nos jours ont vu s'accomplir, ne se représentent les princes qu'entourés d'hommages et de serviteurs empressés; ils regardent comme une injure pour eux les souvenirs de leur adversité : de là toutes ces fables par lesquelles on a cru ennoblir la restauration en agrandissant son berceau, comme si le capitole avait eu moins de gloire pour avoir été fondé, au milieu de quelques cabanes, par les mains de quelques aventuriers.

Quant à moi qui sais que le malheur a aussi sa dignité, et que les difficultés vaincues ont aussi leur grandeur, je l'avouerai avec la franchise de mon ministère, la restauration eut ses jours d'incertitude et de faiblesse : ceux qui, au 12 mars, se dévouèrent à sa cause, s'élancèrent dans un avenir plein d'orages; et le Prince qui venait apporter la nouvelle foi politique, ne fut d'abord entouré que d'une armée étrangère, dont le sort et le commandement ne lui étaient pas confiés.

S'il est vrai que la faiblesse dépend toujours de la force, disons que le Prince était comme captif dans le palais de ses pères, dans ces murs qui virent autrefois le roi Jean chargé de chaînes, et pourtant servi, à genou, par le prince anglais qui l'avait vaincu.

Ne voyez-vous pas, imprudens accusateurs, que c'est cette même faiblesse que vous repoussez comme une injure, qui éloigne du Prince les souvenirs odieux de la piraterie exercée par le vainqueur sur vos mers? Avec vos fictions de cortége et d'alliance, de pleins pouvoirs et de royale autorité, ne voyez-vous pas que c'est lui que vous accuseriez de tant de déloyauté, tandis que son noble cœur a dû gémir plus d'une fois des excès d'un vainqueur plein d'hypocrisie et de rapacité?

Le ministère public vous disait hier : « Il s'agit « de savoir si Bordeaux s'est immortalisé, ou bien « couvert de honte ? »

Ce n'est pas là la question : Bordeaux n'est pour rien dans le débat; son sort fut réglé, dans cette journée, sans sa participation et même à son insçu ; et je le prouve par un témoignage que M. l'avocat-général ne récusera pas. M. le comte de Lynch, dans un rapport à S. A. R. MADAME, duchesse d'Angoulême, s'exprime ainsi : « *J'avais donc lieu d'appréhender ce que pouvait faire cette garde nationale ; mais le secret ayant été étonnemment bien gardé jusqu'au moment décisif, je jugeai qu'elle serait frappée de stupeur, et comprimée par la présence des troupes anglaises ; et qu'enfin, voyant la masse du peuple seconder l'élan donné par son premier magistrat, qui avait sa confiance, sa mauvaise volonté deviendrait impuissante. C'est ce qui arriva.* »

La conservation du secret, c'est-à-dire, l'ignorance complète où était la population de Bordeaux, sur la nature et le but de l'occupation anglaise, est attestée également par l'un des agens de cette journée, par M. Rollac, en son écrit intitulé : EXPOSÉ FIDELLE. *Tout était calme et le secret bien gardé*, dit-il, page 120 *La masse des habitans de Bordeaux n'était pas dans le secret*, (p. 122).

La ville de Bordeaux, la population entière qui ne savait rien, qui n'a connu la nature des événemens que lorsqu'ils étaient accomplis, n'est donc pour rien dans la cause actuelle.

Puisqu'on met dans ce débat la question de la louange ou du blâme, elle ne peut toucher que le petit nombre d'hommes qui, au 12 mars, introduisirent l'Anglais dans vos murs.

Cette discussion est délicate, je l'avoue; mais j'ai la confiance que je ne m'écarterai pas du respect que tout Français doit aux lois de son pays, au Prince qui règne, à sa famille, à ses ordres, et aux magistrats qui jugent en son nom. Ces ménagemens sont les seuls que puisse s'imposer ici l'indépendance du ministère dont j'ai l'honneur d'être revêtu.

Que, dans ces jours d'incertitude, quelques hommes aient jeté leur famille, leur fortune, leur vie, dans ce terrible jeu qui, trente jours plus tard, tenait encore l'univers incertain, c'est un dévouement que l'on peut estimer, parce qu'il y a toujours du courage à braver de grands dangers.

Mais en soumettant, à son insçu, cette grande cité, cette population immense, ce commerce opulent, au hasard des combats et à la merci d'une politique fallacieuse, parlez, vous dont l'orgueil veut ici substituer des fictions à des vérités qui commandent la modestie, parlez, qu'avez-vous fait pour votre pays, pour votre ville natale, et pour la cause des Bourbons que vous prétendiez servir?

Aviez-vous pris avec le maréchal de Béresford les précautions les plus vulgaires?

Aviez-vous demandé un traité qui garantît les propriétés publiques et particulières, qui mît vos concitoyens à l'abri du pillage qu'ont subi leurs vaisseaux?

C'était aux représentans du Roi que nous ouvrions nos portes, dites-vous.

En ce cas, où sont les traités par lesquels l'Anglais s'est engagé envers vous à prêter main-forte à la cause royale? Vous n'avez pas demandé à ces vainqueurs la plus simple promesse. Dans votre soif de servitude, vous avez été au loin mandier un coup d'œil du vainqueur.

Légéreté criminelle! Les souvenirs de Toulon

ne vivaient-ils donc plus dans votre mémoire? Auriez-vous oublié que l'amiral anglais prit possession de Toulon pour Louis XVIII, et le garda pour le roi Georges III ?

Qu'avez-vous fait pour épargner à votre ville le sort de Toulon?

L'Anglais vous a-t-il promis qu'en cas de revers, il défendrait vos murs ; qu'en cas de succès, il ne vous réduirait pas en province anglaise ? Où sont ces promesses?

Vous vous fiez à la loyauté! .... A quelle loyauté ? à la loyauté anglaise, qui renonçait au droit de guerre..... mais pour s'en faire payer le montant.

Quelle inconcevable tenacité ! quelle abnégation de toute prudence !

Un général qui, sans nécessité, livrerait une ville à la discrétion des assiégeans serait puni de mort. Un tuteur qui livrerait ainsi, sans précaution, la fortune de son pupille à des mains ennemies, serait destitué comme gérant infidelle, et déshonoré pour son impéritie.

Comment concevoir que ceux qui se portèrent les tuteurs officieux de la population bordelaise, au 12 mars, osent aspirer à des couronnes civiques? il faut à leur orgueil de durables monumens. Oui, qu'on les élève ces monumens, mais qu'on y grave les ordres anglais qui confisquèrent vos navires.

Le ministère public vous a dit qu'il ne fallait pas prendre ici l'événement pour règle de votre appréciation. Il a raison : j'adopte ce principe ; mais, j'en tire une conséquence opposée.

Les Anglais ont abusé de leur conquête, nous dit-il ; mais le blâme de cet abus ne doit pas retomber sur les auteurs du 12 mars.

Je vous dirai : les Anglais se sont bornés à extorquer quelques millions sous titre mensonger d'indemnité ; ils pouvaient tout confisquer, et réunir le pays à la couronne d'Angleterre : s'ils ne l'ont pas fait, serait-ce à cause que les auteurs du 12 mars, qui leur avaient ouvert les portes, avaient d'avance préparé des obstacles à un pareil attentat?

Pour apprécier la justesse des opinions de mon client, au sujet du 12 mars, il faut bien apprécier cet événement, et pour cela il faut se reporter, par la pensée, à cette époque mémorable.

Quatre chances alors étaient dans l'ordre des probabilités politiques qui fixaient l'attention des puissances conquérantes : la restauration pure et simple de la maison de Bourbon, l'appel d'un Prince étranger, le maintien de Napoléon, et l'établissement d'une régence en faveur de son fils.

La première dè ces chances s'est réalisée; l'événement le plus désirable pour Bordeaux s'est accompli, et, dans ce cas, voyez comme le génie du 12 mars, uni au désintéressement du grand Wellington, a conservé les marchandises déposées dans des dépôts publics, les bâtimens que le commerce avait amenés dans vos ports; voyez les navires particuliers décorés du nom de *corvette* pour engraisser le butin britannique: le traité de septembre 1817, et la discussion de la Chambre des Députés, ont appris que ces objets ont été conservés par le grand homme, avec le même soin que le Musée de Paris. Etre dépouillés de vos propriétés particulières, être désarmés dans vos murs, voilà ce que la victoire a pu vous procurer de plus heureux, grâce aux sages précautions prises avec le *cortége anglais*.

Mais si nous jetons les yeux sur les chances opposées, il est impossible de dire sans effroi quel déluge de malheurs tombaient sur votre cité; je ne dis pas sur les hommes du 12 mars, qu'une prompte fuite eût sauvés, mais sur la population entière, au milieu de laquelle ils étaient comme inaperçus.

Le marquis de Wellington l'écrivait, le 12 mars, aux magistrats de St.-Sever, et le disait le

12 avril à la population de Toulouse. Les puissances traitaient avec Napoléon, et ce fier conquérant pouvait encore à Chatillon, le 26 mars, abaisser devant l'adversité son front si longtemps indompté. Le génie municipal de Bordeaux n'avait certes pas le secret de l'inflexibilité de cet âme dominatrice. *Si Napoléon eût accepté que seriez-vous devenus ?*

Nos vielles phalanges, qui avaient été si longtemps le bouclier de la Patrie, n'avaient pas tellement perdu l'habitude de la victoire, qu'elles ne pussent encore les ramener sous les vieux drapeaux de Fleurus. Le génie municipal de Bordeaux n'avait pas le secret du Dieu des armées ? *Encore un Champ-Aubert ou un Montmirail, que seriez-vous devenus ?*

Après l'occupation de Paris, le 31 mars, rien n'était décidé encore en faveur des Bourbons ; les proclamations d'Alexandre en font foi. Le génie municipal de Bordeaux n'avait pas la confidence des cabinets étrangers. *Si le parti de la régence avait prévalu dans le conseil du Prince, que seriez-vous devenus ?*

Ce que vous seriez devenus ? l'histoire de Toulon, en 1793, et de St.-Sébastien, en 1813, vous l'apprend. C'est l'histoire sanglante de toutes les cités que des hommes crédules ou corrompus livrent à des armées anglaises : ce qu'ils faisaient à Wasington à la même époque, et presque le même jour, vous apprend assez votre sort ?

Faire sauter les édifices publics, emmener vos vaisseaux, fermer la barre de votre port, exterminer pour toujours ce commerce bordelais qui porte aux négocians britanniques des rivaux et des ennemis dans les mers les plus reculées, voilà les mesures de précaution à l'usage de l'armée dite auxiliaire. Si les habitans de cette cité avaient voulu chercher dans des vaisseaux un asile contre les vengeances impériales, la réponse eût été les coups de canon de Toulon et de Quibéron, qui apprennent que les vaisseaux anglais ne se chargent pas de bouches inutiles.

Que si ensuite le sang bordelais avait coulé sur les échafauds, sur qui serait retombé ce sang si légérement compromis ? A qui reprocher ces confiscations, ces proscriptions, ces vengeances d'un gouvernement inflexible ?

Certes les Anglais, en vous abandonnant sans défense à la colère d'un maître irrité, étaient encore sans reproche ; ils ne vous avaient rien promis ; aucun traité ne les liait à vous ; aucun devoir ne leur était imposé envers vous par vos municipaux. Ils vous avaient reçus à discrétion ; ils vous rendaient à discrétion. Qu'auriez-vous eu à vous plaindre ?

Je le demande aux adversaires qui nous poursuivent, sur qui pesait la responsabilité de tant de sang et de tant de larmes?

Voilà, Messieurs, voilà l'époque dont l'anniversaire doit être pénible pour les cœurs français : voilà l'époque dont la commémoration a paru à mon client un outrage à la raison, à la vérité.

Il lui a semblé injurieux, pour la France, de célébrer l'entrée de nos éternels ennemis dans la seconde ville du royaume ; il lui a semblé dérisoire et cruel d'imposer à cette cité les souvenirs qu'elle voudrait effacer, de l'impéritie de ses magistrats, et de l'imprudence avec laquelle son sort a été joué, à son insçu et sans nécessité, au terrible jeu des batailles et des congrès.

Que ferait-on de plus pour perpétuer le souvenir d'une victoire qu'aurait remportée le duc d'Angoulême sur le maréchal Béresford, ou d'un traité par lequel le maire de Bordeaux aurait fait promettre au général anglais de ne combattre que pour la restauration des Bourbons?

Mais que parlé-je ici d'improbation de la fête du 12 mars? l'article incriminé n'exprime pas une opinion sur ce point : il se contente de rétablir la vérité dans ses droits, laissant faire le reste à la raison publique, qui finit toujours, quand elle est éclairée, par faire justice des passions et de la vanité d'un instant.

Si le fait de l'occupation anglaise paraît établi à vos consciences, c'est à tort qu'on accuse mon client d'avoir dénaturé les événemens du 12 mars; au lieu de les avoir dénaturés, il les a rétablis. S'il a dit la vérité, c'est à ses accusateurs à se taire; c'est à sa ville natale à honorer la plume courageuse qui n'a pas craint le danger pour disculper ses concitoyens d'une des plus douloureuses commémorations.

Mais d'ailleurs, quand il aurait exprimé une opinion sur les hommes du 12 mars; quand cette opinion serait improbative; quand, au lieu de se jouer des ridicules avec finesse, il aurait jugé les erreurs ou les fautes avec sévérité, qu'aurait-il fait autre chose que d'user du droit de Français?

Cette sévérité même, qui pourrait la lui reprocher? Une haine, sucée avec le lait, et transmise pendant 700 ans d'âge en âge comme un devoir héréditaire; les souvenirs de la vielle monarchie, par lesquels on a voulu décorer l'occupation anglaise; les maux que les Anglais ont si long-temps vomi sur nos rivages, voilà ce qui commandera toujours une juste indignation à tout écrivain qui parlera d'une ville française obéissant volontairement aux léopards.

Vous invoquez les noms de Henri IV et de Saint-Louis? et ne savez-vous pas qu'à l'armée de Henri IV, Dessez recevait des ordres et n'en donnait pas au Béarnais ? Ne savez-vous pas que Saint-Louis passa sa vie à combattre l'avarice ou la déloyauté britannique?

Fiers vassaux de notre Aquitaine (1), preux paladins, magistrats de nos villes municipales, quand les trois quarts de la France courbaient la tête sous le sceptre anglais, les premiers, vous osâtes secouer le joug du Prince Noir : on vous vit jurer de mourir ou d'affranchir votre territoire. Vous n'avez pas été parjures, et l'Aquitaine fut affranchie ; et vos descendans courent aujourd'hui au-devant du vainqueur que votre courage

(1) Les grands vassaux et les villes municipales du duché d'Aquitaine supportaient impatiemment la domination anglaise, depuis que le traité de Brestigues les avait détachés de la France. Le Prince Noir viola souvent leurs priviléges ; il les assembla pour leur demander pour cinq ans un subside de vingt sols par feu : sur leur refus, et malgré le conseil du célèbre Chandos, le prince s'obstina à lever cet impôt. Les vassaux et les villes signèrent une requête dans laquelle, après avoir exposé ses injustices, ses usurpations et les vexations de ses officiers, ils en interjetèrent appel à la Cour des pairs, en 1365. Le sir d'Albret, les comtes d'Armagnac, de Cominges, de Carmaing et de Périgord présentèrent la requête. Le Prince Noir fut cité devant les pairs. Les seigneurs gascons lui refusèrent obéissance ; et Charles V, par arrêt rendu en son lit de justice, en 1368, confisqua le duché de Guienne, et remit sous l'obéissance de la couronne de France les pays qui s'étaient pourvus devant lui. De là, une guerre longue et sanglante, où les seigneurs gascons combattirent vaillamment pour faire maintenir la confiscation. La réunion à la couronne fut définitive en 1450, sous Charles VII. (Vid. *Froissard* et *Dutillet.*) — Gaillard, Histoire de la Rivalité, 23.e époque, tome 2.

expulsa; ils vont redemander les fers que vous avez rompus. Qu'ils s'en aillent lire leur condamnation sur la pierre de vos tombeaux, où l'épée de vos frères d'armes a gravé la cause pour laquelle vous avez succombé.

Du temps de ces mêmes ancêtres, la haute-justice de ce royaume proclamait, en tous temps, que livrer une ville française aux Anglais ne saurait être une vertu, et le glaive a souvent consacré par la victoire ce vieux dogme de l'honneur français.

Le comte Archambaud (1), le dernier des Talleyrand qui possédèrent presqu'en souverains une province voisine, livra ses forteresses aux Anglais; il fut traduit par ses propres vassaux devant la Cour des Pairs de France. Il allégua la loi des fiefs qui l'unissait à la couronne britannique; mais la Cour des Pairs jugea que le premier devoir d'un Français est de ne pas livrer son pays.

Le feudataire déloyal fut condamné à perdre la vie; sa terre fut confisquée; ses châteaux furent rasés, et pendant six cents ans son nom,

---

(1) Archambaud, dit le Vieux, de la maison de Talleyrand, comte de Périgord, livra aux Anglais son château de Rolphies, en 1382. Il fut fait prisonnier par le maréchal de Boucicault, en 1398; conduit à Paris, et condamné par le Parlement, comme rebelle, à la peine de mort et à la confiscation de ses biens. Le Roi lui fit grâce de la vie. (Froissard, tom. 2, c. 119, *Juvénal des ussius*).

entaché d'infamie, a été rejeté par les derniers rejetons de son illustre maison.

Voilà, Messieurs, voilà la jurisprudence française, proclamée presque à vos portes, sur les relations qu'un Français peut entretenir avec l'Angleterre.

Messieurs, si le ministère public s'était contenté de discuter le reproche *général* d'avoir dénaturé la journée du 12 mars, il suffirait sans doute à la défense d'avoir établi, d'une manière générale, quel a été le véritable caractère de cette journée; mais les critiques de détail auxquelles il s'est attaché m'imposent le devoir de quelques réponses.

La délibération municipale est la base de la poursuite : c'est là qu'ont été posés par les plaignans les faits qui, selon eux, constituent *toute la vérité* sur les événemens du 12 mars; c'est là que se trouvent réunies les argumentations à l'aide desquelles on a voulu rendre criminel l'écrit le plus innocent qui fut jamais.

Quant à moi, je ne veux d'autre preuve de cette innocence, que les pénibles efforts du rédacteur municipal pour dénaturer le sens de l'article de la Tribune. Je vais vous rendre témoins de ces efforts; et j'espère, Messieurs, que vous serez convaincus, comme moi, de toute leur inutilité.

Je laisse de côté la partie du récit municipal qui contient l'*exposé officiel* du 12 mars; j'examine de suite ce que le rédacteur a qualifié, je ne sais pourquoi, *analyse de l'article de la Tribune*, et ce qui serait mieux nommé *commentaire*, puisque l'analyse est beaucoup plus étendue que l'écrit analysé.

Le §. 1.er du long commentaire est ainsi conçu: (Voir ci-dessus, pag 11, depuis les mots : *Si c'est du drapeau tricolore*, jusqu'à ceux-ci: *Devant les bannières anglaises.*)

Voilà ce que le commentateur municipal appelle *préciser les faits.*

L'idée de M. Pujos était claire pour tout le monde: le critique officiel s'est efforcé de la rendre équivoque.

Il ne s'agit point du drapeau blanc dans ce paragraphe de la Tribune: le drapeau tricolore était encore, le 12 mars, le drapeau français; c'était lui qui guidait les défenseurs de Paris au 30 mars, et l'armée du maréchal duc de Dalmatie, sous les murs de Toulouse, le 12 avril. La nation obéissait encore au gouvernement impérial. La déchéance n'a été prononcée par le sénat que le 1.er avril, et l'abdication est du 10 avril.

L'humiliation du drapeau tricolore, dans la journée du 12 mars, n'est point une fiction: la troupe française s'était retirée, le 11, avec ces couleurs qui avaient si long-temps fixé la victoire. M. le comte Lynch, en rendant la ville, le 12, au maréchal Béresford, foula aux pieds la cocarde tricolore qui décorait son chapeau; il ordonna au poste de la garde urbaine qui veillait à la porte de la ville, de quitter cette cocarde; et le guidon qui servait d'étendard à cette milice valereuse et fidelle, perdit ces couleurs que M. le maire lui-même leur avait données quelques jours auparavant, en jurant de mourir pour les défendre.

Voilà, Messieurs, voilà comment les *nobles drapeaux de France furent inclinés devant les bannières anglaises.*

Maintenant, où est la calomnie? que devient cette exclamation de nos accusateurs? *Il est donc calomnieux de dire que les drapeaux de France avaient été inclinés devant les bannières anglaises?* Non, ce n'est pas une calomnie; c'est une vérité de déplorable mémoire.

Que penser de la bonne foi du rédacteur, quand on le voit arriver à une telle conséquence, en supposant que l'auteur a voulu parler du drapeau blanc! Mais le texte même de l'article repousse cette idée. L'auteur parle de *ces nobles drapeaux dont l'Europe en armes se disputait encore les lambeaux ensanglantés.*

Etait-ce contre le drapeau blanc que l'Europe avait pris les armes? Était-ce le drapeau blanc qu'avait déchiré la foudre des combats pendant trente années ? Était-ce lui que le sang des héros venait de consacrer à Montmirail, à Brienne, à Champ-Aubert ?

Le critique municipal a donc mal commenté, lorsqu'il a fondé sa plainte sur une hypothèse que l'écrit lui-même a condamnée.

La même marche a été suivie par l'auteur de l'analyse, dans tout le reste de sa pénible composition.

Lisons son §. 2. (Voy. ci-dessus, p. 12, depuis ces mots : *Ce fait, entièrement contraire à la vérité*, jusqu'à ceux-ci : *Les factieux, ennemis de la légitimité.*)

Les expressions de la Tribune portent l'empreinte de la méfiance et de la haine pour l'Angleterre, et de l'amour pour la famille des Bourbons. On est surpris que ces sentimens n'aient pu trouver grâce devant la critique municipale.

Ce fait est entièrement contraire à la vérité, dit le commentateur : mais de quel fait parlez-vous ? est-ce de la distinction que faisaient *quelques factieux entre la cause de nos Princes et la cause de l'Angleterre ?* ou bien est-ce de la *prise de possession de Bordeaux au nom de Georges III ?*

Je dirai au critique : *L'un et l'autre de ces faits sont entièrement conformes à la vérité.*

Le factieux qui proposait de recevoir le fils de France à bras ouverts et les Anglais à coups de canon, c'était, vous le savez, le respectable Ferrère, l'un de vos plus vertueux citoyens, l'un de vos plus grands jurisconsultes; Ferrère, dont la voix éloquente et courageuse ne manqua jamais à l'innocence opprimée Membre du Conseil municipal de 1814, il avait émis cette idée, et lui-même l'atteste dans ses manuscrits sur la journée du 12 mars.

Quant à la possession prise au nom de Georges III, rappelez-vous les mots officiels du général anglais : *Cette place importante est en notre possession.*

Poursuivons l'examen du commentaire. Dans le reste du paragraphe on ne relève pas une fausse assertion de l'auteur de la Tribune, pas un fait qu'il aurait controuvé, pas un fait vrai qu'il aurait altéré.

Seulement on se plaint de ce que l'auteur n'a pas rendu justice aux intentions des hommes du 12 mars. Mais, mal apprécier les intentions, mésestimer des faits honorables, ce n'est pas une diffamation dans le sens de la loi du 17 mai.

Dans le 1.er alinéa de ce paragraphe, on lit que l'auteur a voulu *persuader que les magistrats et la majorité des habitans de Bordeaux, embrassant la cause de l'Angleterre, ont eux-mêmes sollicité les Anglais de venir s'emparer de cette ville.*

Ce sont les expressions du commentaire.

Nous répondrons qu'aucune allégation de ce genre ne se trouve ni *implicitement*, ni *explicitement* dans l'article de la Tribune. L'auteur est trop bien instruit de la vérité pour avancer que *les magistrats et la majorité des habitans de Bordeaux* aient eu quelque part aux faits qui ont préparé le 12 mars 1814. Ici le rédacteur municipal est lui-même l'inventeur de la diffamation dont il veut se plaindre ; c'est contre l'œuvre de son imagination complaisante qu'il vient invoquer l'action du ministère public.

Rappelez-vous le réquisitoire de M. l'avocat-général ; relisez les observations officielles de M. de Taffard St.-Germain sur la journée du 12 mars, et surtout le fameux rapport de M. Lynch à S. A. R. MADAME ; et vous serez convaincus que *les magistrats et la majorité des habitans de Bordeaux* ignorèrent les démarches qui ont précédé le 12 mars.

Mais que *quelques habitans aient eux-mêmes sollicité les Anglais de venir s'emparer de cette ville*, c'est ce que le ministère public a pris soin de vous dire ; il vous a nommé M. Bontemps-Dubarry, comme ayant été l'organe de ces sollicitations ; il vous a lu un écrit qui rend compte, sous la date du 6 mars 1814, des deux conférences de M. Dubarry avec lord Wellington. M. de Taffard a imprimé qu'en conséquence *lord Wel-*

lington consentit à détacher 1,500 *hommes et trois pièces de canon sous les ordres du maréchal Béresford.* M. Taffard dit aussi que M. Bontemps devait demander *une force imposante, capable de prévenir toute résistance; si on était tenté d'en opposer.*

Ainsi, vous le voyez, si M. Pujos avait parlé des démarches faites pour engager les Anglais à venir s'emparer de la ville, sa justification serait écrite dans le réquisitoire du ministère public. Il est fâcheux que MM. du Conseil municipal, qui ont appelé dans leur sein les adjoints de 1820, n'aient pas convoqué en même temps les adjoints de 1814, et le commissaire du Roi d'alors. Ces MM. leur auraient appris des faits qu'ils ignoraient, et leur auraient évité des assertions contraires à la vérité.

L'écrivain municipal prétend que M. Pujos assure que *la présence d'un fils de France ne fut qu'un piége tendu à la crédulité de ceux qui ne voulaient se soumettre qu'à l'autorité de Louis XVIII.*

J'aime mieux croire que le commentateur n'a pas lu l'écrit qu'il veut expliquer, que de soupçonner sa bonne foi. M. Pujos n'a parlé nulle part ni de *piége*, ni de *crédulité*; et ce n'est pas, sans doute, sur leurs propres expressions que ses accusateurs voudraient qu'on le jugeât.

Mais ce que n'a pas dit M. Pujos, un autre écrivain l'a dit, écrit et imprimé avec pleine sécurité. Cet écrivain, c'est M. le comte Lynch, dans une brochure, en forme de lettres, intitulée: *Correspondance relative aux événemens qui ont eu lieu à Bordeaux dans le mois de mars*; imprimé à Bordeaux, chez Lavigne jeune, imprimeur du Roi, août 1814, avec cette épigraphe: *Albo dies notanda lapillo.*

On lit dans la 6.e lettre, page 23 : « *Connaissant les dispositions de celui qui remplissait dans ce moment, auprès de moi, la place de premier adjoint, je crus prudent de ne pas le laisser à l'hôtel de ville pendant mon absence, et lui* PERSUADAI *qu'il était plus honorable pour lui d'être à mon côté, dans cette mémorable circonstance.* . . . .

(Pag. 24.) *Quand je fus à quelque distance du général anglais, je crus devoir prévenir l'adjoint, dont je connaissais l'attachement pour Buonaparte. Je craignais qu'il ne tombât en apoplexie, s'il n'était pas instruit de ce que j'allais faire. Je lui annonçai donc que j'allais* PROCLAMER LE ROI. *Il fut frappé comme d'un coup de foudre. Il s'écria que c'était une trahison; que je fisse arrêter ma voiture, qu'il en voulait sortir. Je l'assurai que je n'en ferais rien; et que ma voiture ne s'arrêterait que lorsque je voudrais en descendre moi-même ; ce que je fis bientôt après. Depuis ce moment je ne l'ai plus revu.* »

Si quelqu'un a parlé de *piége tendu à la crédulité*, il est bien évident que ce n'est pas M. Pujos.

L'auteur du paragraphe du commentaire finit en assurant que la présence des Anglais *n'a pu attrister que les factieux ennemis de la légitimité.*

M. Pujos pense au contraire que cette présence a pu attrister de bons citoyens, ennemis des factions et amis de la légitimité.

Voilà le commentateur et l'écrivain commenté opposés d'opinions sur ce fait : mais cette contrariété d'opinions n'a rien de diffamatoire ni pour l'un ni pour l'autre.

Il est vraisemblable que le rédacteur municipal et la majorité du Conseil reçurent les Anglais avec joie. Comme ils ne sont ni *factieux*, ni *ennemis de la légitimité*, leur allégresse ne saurait être mise en doute *sans diffamation*, quoiqu'ils prétendent que c'est *une diffamation* que d'imputer d'avoir appelé les Anglais. Nous verrons tout à l'heure que le même rédacteur voit encore une *diffamation* dans la supposition de cette allégresse, et des regrets que le départ des Anglais a laissés.

Toutes ces *diffamations* ne sont guère d'accord: on pourrait même dire que ce sont des contradictions voisines de l'absurdité. Mais n'y regardons pas de si près. . . . . .

Je demanderai à mon tour quels sont ces factieux, ces ennemis de la légitimité qui ont senti une *criminelle tristesse* à l'aspect si *bienveillant* du maréchal Béresford ?

Le noble maire du 12 mars, M. le comte de Lynch, va encore répondre à cette question :

« *Avec le secours des forces anglaises*, dit-il dans le rapport que j'ai déjà cité, *j'aurais rendu inutile la faible opposition que j'aurais eue à combattre.*

De quelle opposition parle-t-il ? il va nous l'expliquer avec une louable franchise :

« *C'est celle dont aurait pu faire usage la garde urbaine. Pour faire comprendre pourquoi cette garde nationale était à craindre, je suis forcé de dire que la majeure partie des citoyens qui tiennent au* TIERS-ÉTAT, *et surtout les négocians, tiennent au gouvernement de Buonaparte. On aurait de la peine à le croire, quand on pense que sous son gouvernement toutes les opérations commerciales ont été anéanties ; mais il ne faut pas perdre de vue que les effets de la révolution se perpétuent, parce que la cause principale n'a pas cessé d'exister. Cette cause est la vanité des* INDIVIDUS *composant la classe moyenne de France. . . . . . J'avais donc lieu de redouter ce que pouvait faire cette garde nationale ; mais je jugeai . . . . qu'elle serait frappée de stupeur, et comprimée par la présence des troupes anglaises. . . . . C'est ce qui arriva.* »

Voilà, Messieurs, voilà quels étaient les factieux, les ennemis de la légitimité, qui s'affligeaient de l'occupation anglaise. C'est M. le comte Lynch qui nous l'apprend : qui pourrait contester la véracité du maire du 12 mars ?

Dans son §. 3, le commentateur présente des assertions qui méritent toute votre attention.

Voyons comment il s'exprime. (*Vid.* ci-dessus, aux pages 13 et 14, depuis les mots : *Il est de toute fausseté*, jusqu'à ceux-ci : *L'heureuse arrivée du Roi dans ses États.*)

Puisque l'écrivain municipal ne se lasse pas d'affirmer que les Anglais n'ont pas pris possession de Bordeaux au nom de Georges III, je ne puis que le renvoyer de nouveau au rapport officiel du général anglais lui-même.

Le Corps municipal, dit-on, *n'est point allé au-devant du détachement des troupes étrangères pour leur rendre la ville. . . . .*

Toujours la même obstination à supposer dans la Tribune ce qui ne s'y trouve pas. M. Pujos ne dit pas un mot du voyage du Conseil municipal au-devant du lord Béresford : il n'en a pas parlé, parce que son plan ne l'y conduisait pas ; mais s'il avait voulu, il aurait pu copier la page 24 de la 6.e lettre publiée par M. Lynch. Les quatre adjoints qui l'ont accompagné dans cette expédition y sont désignés par leurs noms. Le maire ajoute : *Messieurs les membres du Conseil municipal suivaient dans d'autres voitures.*

Le voyage du Conseil municipal à la porte St.-Julien n'est donc pas tout-à-fait fabuleux. La dénégation des conseillers de 1820 n'aurait jamais été avancée par ceux de 1814, dont la mémoire aurait été sans doute plus fidelle sur des faits qui leur étaient personnels.

Voilà, Messieurs, le danger de porter plainte pour autrui! on s'expose à certaines méprises que le zèle le plus pur ne peut pas toujours éviter.

Au surplus, écartons les chimères qu'enfante l'imagination de l'écrivain municipal. Réduisons le crime de M. Pujos à ce qu'il a écrit : Il parle de l'*enthousiasme* et des *vœux* qu'excitait l'illustre Wellington dans les cœurs qui n'étaient *ni factieux, ni ennemis de la légitimité.*

Je sais bien que parler de cet enthousiasme c'est *diffamer ;* mais il faut que j'associe à la *diffamation* un personnage grave dont les paroles sont officielles. M. le baron de Valsuzenai, préfet de la Gironde, écrivait à M. le maire de Bordeaux : « *J'ai été sur-le-champ à la Bourse pour faire part aux négocians de cette nouvelle* (c'était un acte de générosité du noble lord); *elle a été accueillie aux acclamations générales de* VIVE LORD WELLINGTON! VIVE L'ARMÉE ARGLAISE!

Plus bas, M. le préfet invite les habitans *à se livrer à la joie pure et sans mélange que doit exciter* LA PRÉSENCE *au milieu d'eux* DU GRAND HOMME. »

On ne dit pas *si cette joie pure et sans mélange* fut partagée par les Bordelais qui sortaient des pontons d'Angleterre, ou par les veuves de ceux qui venaient de succomber sous les murs de Toulouse.

Les plaignans exposent longuement que le drapeau blanc a été arboré à Bordeaux, et que le drapeau britannique ne l'a pas été.

Sur des assertions de ce genre, ils sont bien sûrs de ne pas avoir de contradicteurs.

Quant au Gouvernement de S. A. R. Mgr. le duc d'Angoulême, nous ne reviendrons pas sur les explications que nous avons déjà données, et qui réduisent à sa juste valeur la narration pompeuse du Conseil municipal.

L'ingénieux rédacteur de la plainte a pu être embarrassé quand il a fallu trouver la calomnie au milieu du §. 4 du texte de la Tribune; mais en incriminant ce qu'a écrit M. Pujos, au moyen de ce qu'il n'a pas écrit, on peut aller vîte en besogne. En voici un exemple:

Isoler un fait, dit-il, (*Vid.* pag. 14 et 15 §. 4, jusqu'à ces mots : *Son auguste lieutenant.*)

M. Pujos revient ici sur *la joie pure et sans mélange que devait exciter la présence du grand homme.* Dans son humeur chagrine, il s'indigne des expressions de cette allégresse. Mais la joie du rédacteur municipal est intolérante. Dans le §. 2, il déclare qu'il faut être *factieux et ennemi de la légitimité* pour avoir vu de mauvais œil le grand homme. Il développe ici les motifs qui commandaient impérieusement *la joie pure et sans mélange* que M. le préfet avait eu la bonté de conseiller.

Remarquez bien, Messieurs, que la manifestation de la joie n'est pas niée par le rédacteur municipal, qui pourtant n'est pas avare de dénégations. Or, pour que le sieur Pujos fût diffamateur, il faudrait qu'il eût parlé d'un fait faux, et le fait est concédé vrai par les accusateurs eux-mêmes.

Peu importe, après cela, que l'allégresse fût bien et dûment motivée ; chacun, là-dessus, sait ce qu'il doit en croire. MM. les municipaux eux-mêmes peuvent encore, s'ils le veulent, se réjouir de leur joie passée ; à eux permis : mais M. Pujos ne les diffame pas, ni leurs épouses, ni leurs filles, ni leurs artistes, ni leurs poëtes, puisqu'il ne leur impute que ce qu'ils disent avoir fait, et, qui plus est, ce qu'ils prétendent avoir bien fait. Aucun d'eux, comme vous le voyez, ne se repent de s'être réjoui en temps utile.

Mais que dis-je ? MM. les municipaux veulent faire un crime à M. Pujos de ce qu'il n'a pas partagé leur ivresse ; et c'est dans cette enceinte qu'ils portent leur plainte ; c'est à cette Cour qu'ils ont osé l'adresser...... c'est en 1820 qu'ils viennent la soutenir encore.......

Oui, accusateurs téméraires, quand vous épuisiez pour le vainqueur les formules de l'adulation la plus servile, M. Pujos déplorait son pays humilié. Vous blâmez sa tristesse ; vous condamnez les regrets qu'arrachait à son âme toute française l'humiliation de vos remparts, eh bien ! il oppose à votre jugement une autorité devant laquelle votre orgueil fléchira sans doute. Les magistrats de cette Cour fuyaient *votre joie pure et sans mélange ;* ils emportaient, loin de ces murs, la balance, le glaive et le livre des lois, et jugeaient encore sous les drapeaux de Fleurus, quand vous les repoussiez avec mépris.

Plaignez-vous donc, et venez dire si le deuil de la Cour souveraine était pour vous alors un deuil diffamateur.

Le §. 5 du commentaire est conçu en ces termes:

Voy. ci-dessus p. 15 et 16, depuis les mots : *Il n'est aucune de ces expressions*, jusqu'à ceux-ci : *La fidélité à la maison de Bourbon.*

Puisque le Conseil municipal déclare qu'il ne s'expliquera pas sur ce qui concerne le *noble* maire et l'*honorable* député, j'imiterai sa réserve; mais il aurait dû l'étendre à la phrase relative aux *guerriers improvisés*. L'écrivain municipal aurait dû se souvenir que ces Messieurs pouvaient seuls se plaindre, et que le Conseil n'avait pas qualité pour relever les injures propres à les offenser.

L'écrivain municipal ne cesse pas de prêter à l'auteur sa propre imagination : le zèle ne peut pas aller plus loin. Il s'écrie que la *Tribune a fait une cruelle injure à MM. les fidelles Bordelais, en disant qu'ils eurent besoin du bouclier britannique pour faire éclater leur fidélité.*

Si cette phrase existait, elle serait diffamatoire; j'en conviens : mais malheureusement elle n'est nulle part. Admirez la sagacité du commentateur: M. Pujos s'était contenté d'énoncer un fait, c'est que MM. *les guerriers improvisés, pour la première fois, depuis vingt ans, dégainèrent leur épée sous le bouclier britannique.* Voilà les expressions de la Tribune; elles étaient innocentes; le fait était incontestable, et la diffamation s'évanouissait. Mais pour éviter ce malheur, l'habile critique feint que M. Pujos affirme que MM. les fidelles *eurent besoin du bouclier britannique;* ce qui est fort différent, puisque ce n'est rien moins qu'une imputation implicite de lâcheté.

Comme je n'ai à défendre M. Pujos que sur ce qu'il a écrit, et non sur les suppositions du critique, j'abandonne à vos lumières, MM. les jurés, l'appréciation de la bonne foi des plaignans, et je ne m'occuperai que du texte de la Tribune : je vais prouver qu'il n'y a pas diffamation.

Il est notoire que, depuis 1796, il existe dans vos murs une organisation militaire secrète, destinée à opérer, par la force, le rétablissement de la maison de Bourbon : elle a été formée par Madame la marquise de Donnissan, en vertu d'une lettre adressée par S. A. R. Monsieur. Les noms du général en chef et des officiers de l'état-major ont été imprimés en 1816 par M. Rollac, capitaine, adjoint à l'état-major de l'armée occulte, et chargé de la direction des poudres et salpêtres. On ne dit pas si la consommation a été fort abondante; mais on y trouve des régimens d'artillerie, des régimens sédentaires, des régimens en activité, des compagnies d'élite, des corps d'infanterie. D'après les états officiels, le total des troupes s'élevait à environ dix mille hommes à Bordeaux ou dans les environs. *La compagnie* d'élite, disent les rapports, *était très-nombreuse, et formée de l'élite de la jeunesse bordelaise, tous du courage le plus entreprenant : c'était elle qui était chargée de tous les coups de main* (1).

---

(1) Voir les pièces publiées par M. Rollac.

Il est vraisemblable que ces faits préliminaires n'étaient pas connus du rédacteur de la plainte. L'armée occulte a reçu, vers 1813, une nouvelle organisation, sous le nom de garde royale. Après dix-huit ans de préparatifs, elle s'est mise en marche, pour faire son premier mouvement, depuis la mairie jusqu'à la porte St.-Julien. Là, elle opéra sa jonction avec lord Béresford, sous le voile de l'anonyme; et, jusqu'à l'instant de cette jonction, le mouvement militaire a été exécuté *sans affectation, soit à pied, soit à cheval* (1).

Jusqu'à la journée du 12 mars 1814, la province de Guienne a été aussi tranquille que les autres parties de la France : on n'a entendu parler *d'aucun coup de main*, d'aucun soulèvement, d'aucune sédition; et le *courage entreprenant* de la *compagnie d'élite* n'a pas troublé la marche triomphale du conquérant devant qui se taisait l'univers.

Il est donc exactement vrai, comme l'a dit M. Pujos, que le 12 mars 1814, à onze heures, l'armée de 1796 *tira l'épée pour la première fois*. Il n'y a là ni diffamation, ni hyperbole.

L'écrivain municipal me paraît trop exigeant quand il voit dans une pareille remarque une imputation de lâcheté. Non, M. le critique va

---

(1) Expression de M. Lynch, dans les lettres déjà citées, p. 24.

trop loin : il était impossible qu'une poignée de citadins, même avec l'artillerie de M. Rollac, entreprît d'ébranler un trône soutenu par cinq cent mille vieux soldats français et par tous les Rois de l'Europe.

Oui, MM. de l'armée secrète ont bien fait; ils ont sagement agi : mais il reste toujours que le premier mouvement a eu lieu le 12 mars 1814, entre l'hôtel de la mairie et la porte St.-Julien, et que l'épée a été tirée après la jonction de l'illustre allié de l'écrivain municipal, le lieutenant du grand homme, M. le maréchal Béresford.

Le §. 6 du commentaire municipal est le dernier de cet écrit où brille tant de bonne foi, unie à une imagination si féconde. C'est le passage où l'écrivain des plaignans a montré tout ce qu'on pouvait attendre de lui.

Il s'exprime en ces termes : (*Lire* le §. 6, voy. ci-dessus, p. 16 et 17, depuis ces mots : *Que de calomnies*, jusqu'à ceux-ci : *Les peines infligées par la loi.*)

Le critique municipal est si plein de son sujet qu'il ne peut pas faire un pas sans trouver ce qu'il cherche, ce qu'il a promis de trouver. *Que de calomnies! que de diffamations!* s'écrie-t-il avec l'accent de l'étonnement. Il n'oublie qu'une chose : c'est d'indiquer sur qui portent ces effroyables calomnies. Cela lui importe peu, car il se regarde comme le vengeur de toutes les calomnies passées, présentes et à venir.

Il ne dit pas que le Conseil municipal soit blessé par ces prétendues calomnies ; c'est ce qui était difficile à dire, et c'est pourtant ce qu'il fallait prouver ; parce que sans cela la plainte tombe d'elle-même. Mais il ne faut pas être si difficile avec l'écrivain municipal. Passons sur cette petite irrégularité, puisqu'il ne croit pas devoir s'y arrêter lui-même.

M. Pujos, dit-on, est coupable *d'injure, en cherchant à persuader que les Bordelais* REGRETTÈRENT *de voir cesser le joug étranger.*

Ici, je l'avouerai, mon embarras est extrême : ce n'est pas d'excuser M. Pujos, c'est de comprendre l'écrivain municipal, et de le mettre d'accord avec lui-même.

MM. les plaignans disent, au §. 2, que la présence du détachement anglais *ne put attrister que les factieux, ennemis de la légitimité ;* et comme apparemment ils ne sont pas de ce nombre proscrit, force nous est de penser qu'ils ont partagé *la joie pure et sans mélange* dont parlait M. le préfet ; et eux-mêmes, au §. 4, expliquent très-bien pourquoi ils ont eu raison de se réjouir.

Cette joie est concevable ; elle peut tenir à des affections profondes : mais lorsqu'on les voit, au §. 6, repousser, comme une calomnie, l'idée qu'ils auraient *regretté* le départ de ceux dont l'arrivée les avait comblés de joie, l'étonnement devient inexprimable, et on ne sait si ces Messieurs ont manqué de mémoire ou de *reconnaissance* envers ceux à qui ils en doivent une si grande, comme ils le disent au §. 4.

De grâce, MM. les municipaux, que voulez-vous que pense un écrivain qui n'a pas le bonheur de savoir votre secret ?

S'il vous dit que vous vous êtes réjouis, vous vous plaignez de diffamation.

S'il vous dit que vous ne vous êtes pas réjouis, vous vous plaignez encore; car vous n'êtes *ni factieux, ni ennemis de la légitimité.*

S'il parle de vos regrets, vous êtes injuriés, parce que vous n'avez pas dû, dites-vous, *regretter un joug étranger.*

S'il rappelle le *joug étranger,* vous prétendez que c'est une calomnie, et que ce joug n'a jamais existé.

S'il dit que vous n'avez pas eu de *regrets*, vous criez qu'on vous accuse de *manquer de reconnaissance* (§. 4).

De sorte que, quoi qu'il puisse dire, il est toujours sûr de vous déplaire, quoique toutes vos accusations opposées puissent prouver en vous plus de zèle que de justice et de raison.

M. Pujos, continue le critique, *diffame cette*

ville, au point de dire que c'est la paix qui rendit Bordeaux à la France.

Certes l'atrocité de M. Pujos est bien grande! Parce que lord Wellington a écrit à son gouvernement qu'il avait pris *possession* de Bordeaux; parce que lord Béresford et lord Dalhousie l'ont occupé, qu'ils y ont confisqué ce qui leur a plu, désarmé la garde urbaine, emporté les propriétés publiques, M. Pujos a la simplicité de croire tout cela. Et parce que la convention provisoire, faite en avril 1814 avec S. A. R. MONSIEUR, porte que les pays occupés par les troupes alliées seront rendus à la France, M. Pujos s'imagine qu'il y a eu des pays et des places occupées par les alliés, et que Bordeaux pourrait avoir été dans ce cas. Il va plus loin : il lit au Bulletin des lois un traité de paix, signé par S. M., au mois de mai 1814, et il en conclut qu'il y a eu une guerre avant qu'on fît la paix.

Certes la témérité de ce raisonneur est punissable, et il n'y a pas assez de verrous pour le bien renfermer.

Puisqu'il est possible que le commentateur municipal se soit livré à de tels jeux d'esprit, accordons-lui qu'il n'est pas vrai que ce soit *la paix qui ait rendu Bordeaux à la France.*

Mais nous lui demanderons à notre tour : Qui a rendu Bordeaux à la France? c'est sans doute lord Béresford, dans le système que vous soutenez. S'il en est ainsi, que doit-on dire des autres villes du royaume qui ont eu le malheur de recevoir alors la garnison étrangère ? Paris, Lyon, Rouen, Lille, Toulouse, n'ont pas été rendues à la France, quand le Roi, au mois de mai 1814, a fait disparaître de leur sein les traces affligeantes du passage de l'étranger. Elles n'ont donc été rendues à la France que lorsque l'étranger les a occupées.

S'il n'y a pas eu de guerre, à quoi bon la paix, ce bien si doux que la France croyait devoir à son Roi, mais que les municipaux de Bordeaux prétendent n'avoir pas existé?

Mais sortons de ces suppositions fantastiques, et osons dire la vérité avec franchise : *Rendre Bordeaux à la France*, est-ce autre chose que faire cesser cette occupation militaire dont tous les cœurs français ont gémi, et que la mauvaise foi voudrait en vain nier ? est-ce autre chose que de mettre fin à cet état humiliant et précaire, où l'on était incertain si des raisons de convenance étrangère ne vous détacheraient pas de la France, comme on l'a fait de Landau un an après? n'était-ce pas vous rendre *à la France* que de vous délivrer des ordres du jour de Dalhousie, des confiscations, des séquestres, des injonctions données au maire de votre cité par le général de la couronne britannique ? . . . .

Ce ne sont pas là des complimens de salon ; ce sont les souvenirs amers d'une situation qu'on veut nier depuis qu'elle n'est plus. S'il est des hommes dont le patriotisme se complaise dans de semblables récits, des hommes qui veulent en éterniser la mémoire, et dont le cœur n'ait pas été oppressé par ces ordres donnés, dans un idiome étranger, par des vainqueurs teints du sang de nos frères............. je l'avouerai avec quelque fierté, ces sentimens ne seront jamais les miens. J'aurais souhaité à la restauration d'autres époques contemporaines, et je m'écrierai, dans ma tristesse : Périsse la mémoire de ces jours de deuil! et d'humiliation ! . . . .

L'écrivain municipal termine son commentaire par des réflexions sur la mort de S. A. R. Mgr. le duc de Berry. Réflexions qui, depuis quelques mois, sont l'accompagnement obligé du langage de tous ceux qui prétendent à ce qu'on appelle une grande pureté d'opinions. *Pourquoi*, s'écrie le critique, *pourquoi l'auteur prend-il le ton de l'ironie, en parlant de la profonde douleur dont les Bordelais ont été frappés, en apprenant l'infame attentat commis sur un fils de France ? Pourquoi s'offense-t-il des expressions que ce crime atroce et récent a dictées à M. le maire? Ce n'est pas au Corps municipal à rechercher les motifs du rédacteur de la Tribune, ni le but qu'il s'est proposé.*

Jamais, peut-être, les plus odieuses insinuations n'ont été présentées avec plus de malveillance. Serait-il possible que l'écrivain des plaignans eût pu se méprendre à un tel point sur les expressions de M. Pujos, et lui prêter des expressions qu'il n'a pas employées, et des pensées que son écrit tout entier réprouve?

Dans quelle phrase M. Pujos a-t-il parlé *avec ironie* de la douleur des Bordelais?

Dans quelle phrase s'est-il *offensé* des expressions que le crime a dictées à M. le maire?

Vous ne trouverez point ces phrases dans l'écrit de M. Pujos; vous n'y trouverez que l'improbation de l'appel à des passions violentes, appel qu'il a cru voir dans la proclamation municipale, et que d'autres lecteurs y verront après lui.

On ne pourrait donc, selon les plaignans, désapprouver les excitations à des troubles, sans être approbateur de la mort du duc de Berry.

C'est bien là la logique des esprits prévenus, dans des époques de faction. Que dirai-je aussi de cette conclusion que le Conseil municipal ne tire pas, mais qu'il indique par une habile réticence? cette conclusion, qui rapproche de l'assassinat du Prince les intentions qu'on suppose à l'auteur de la Tribune ; cette conclusion montre assez toute la malveillance de nos accusateurs.

Certes il fut malheureux le Prince que les plaignans regrettent avec une douleur si fastueuse et si jalouse ; sa mort fut le signal des plus redoutables attaques contre la constitution de l'Etat. Des troubles violens ont agité nos cités ; le sang français a coulé dans la capitale ; peu s'en est fallu que le même tombeau n'ensevelît, avec sa cendre, les seules libertés qui eussent été accordées à la France ; et son souvenir sert encore de prétexte aux malveillans, pour armer la calomnie, pour déchaîner les haines et fomenter la discorde.

Aujourd'hui même que le procès le plus solennel, les recherches les plus scrupuleuses n'ont constaté qu'un crime solitaire ; aujourd'hui que l'autorité des arrêts de la première Cour du royaume a isolé le coupable des alentours que lui créait l'imposture, aujourd'hui la calomnie n'est pas désarmée encore, et l'on s'obstine à répéter ces sophismes que la Cour des pairs a démentis, ces assertions qui ne tirent quelque poids que de leur extravagance même.

Vous accusez les idées libérales, les lumières du siècle, les doctrines de l'égalité devant la loi, de la liberté naturelle, ces doctrines que Dieu grava dans le cœur des humains, et que la philosophie a proclamées avec l'autorité du génie.....

et vous oubliez que Jaques-Clément, Ravaillac ni Damiens ne marchaient pas au régicide au nom des droits de l'homme.

Vous accusez les intérêts nouveaux, et vous ne voyez pas que c'est sur la Charte que retombent vos calomnies, puisqu'elle les a tous reconnus et consacrés.

Vous accusez ce besoin de réforme, cette soif des améliorations sociales qui affranchit le nouveau monde et ranime notre vieille Europe. Voyez-vous, les héros régénérateurs des empires, les peuples et les monarques qui s'élancent vers un meilleur avenir, loin des ornières où jadis la violence écrasait la faiblesse : reconnaissez, à ces prodiges, la raison humaine, éclairée par l'expérience du passé, et armée de la toute-puissance pour maîtriser l'avenir. Contre les accens de sa voix imposante, que peuvent les faibles clameurs des apôtres de la violence et de l'erreur ?

Qu'un écrivain courageux prenne la plume pour rétablir la vérité défigurée par les factions, et pour protester contre cette grande erreur de l'estime publique, qui prodigue des marques de joie aux souvenirs d'une journée qui introduisit dans vos murs les éternels ennemis du nom français, la vanité de quelques hommes spécule sur l'utilité de telle ou telle opinion politique, à propos manifestée; de telle ou telle action, à propos revendiquée. C'est encore la tombe du Prince que ces mêmes hommes vont interroger, pour que la voix du sang royal, qui fume encore, vienne protéger leur plainte et répandre de l'intérêt sur les calculs d'un amour propre mal déguisé, et d'un intérêt que rien ne saurait anoblir.

On viole toutes les lois qui règlent la marche et l'action des pouvoirs publics ; on fait prendre des délibérations par des personnes incapables ; on entreprend de défendre l'honneur de ceux qui ne se croient pas attaqués : les gens les plus étrangers au 12 mars s'en déclarent les auteurs, six ans après le succès; on juge nécessaire d'illustrer ce zèle tardif et intéressé par le sacrifice d'une victime, et pour cela on prête à l'écrivain des pensées qu'il n'a pas eues, des expressions qui ne sont pas les siennes ; on déchire son écrit avec un art perfide, pour y placer forcément le crime que l'on cherche. Si l'auteur parle des regrets dont les plaignans s'enorgueillissent, c'est un diffamateur ; s'il parle de leur joie, c'est encore un diffamateur ; s'il rappelle un mouvement militaire d'un général anglais, c'est encore une diffamation envers les plaignans.

C'est toujours le nom du même Prince qu'on invoque pour colorer tant d'absurdités judiciaires, comme si le souvenir d'un crime pouvait donner les droits de la raison à ce qui en est le renversement le plus audacieux.

Sous ce prétexte, nos accusateurs nient en masse les faits qu'en détail ils sont forcés de concéder; ils nient la conquête, et nous en représentons les actes; ils nient la conquête, et sans cesse, dans leur écrit, ils en indiquent les résultats; ils nient l'occupation militaire, et, à chaque ligne, ils expliquent les spoliations dont nous nous plaignons par la force majeure qui a pesé sur Bordeaux; ils veulent associer à leur irritation simulée la population tout entière, et leurs écrivains, leurs chefs, leurs directeurs attestent, dans leurs rapports officiels, que la population fut étrangère à cette grande entreprise; ils veulent que le Conseil municipal soit compromis, et les plaignans sont tous étrangers au Conseil municipal d'alors, et le maire d'alors prétend que ce Conseil ne connaissait pas ses desseins; ils parlent des autorités de Bordeaux, et ces autorités étaient toutes absentes au 12 mars.

Messieurs les jurés, voyez ce que nous devions prouver, voyez ce que nous avons prouvé, et rappelez-vous quelles sont les preuves que l'on nous a enlevées. Jugez par là quel serait le degré de conviction que nous aurions porté dans vos âmes, si la défense avait été aussi libre dans ses moyens que l'a été l'accusation.

Nous avions appelé des témoins respectables, qui tous avaient personnellement figuré dans la crise que nous rappelons. Leur rang, au 12 mars, leur donnait le moyen de savoir la vérité : leur caractère nous assure qu'ils l'auraient dite ; le ministère public a étouffé leur voix.

Nous avions apporté les actes des vainqueurs, les monumens de la conquête : la lecture de ces pièces nous a été interdite.

Et cependant, réduits que nous sommes à n'invoquer que la simple raison, le témoignage de vos souvenirs, et surtout le silence du ministère public sur les faits que nous articulons et pour lesquels nous invoquons ses démentis, avons-nous rempli notre tâche et porté en vous la conviction de notre innocence.

Oui, cette conviction existe en vous ; j'en atteste ici la conscience du public éclairé qui nous honore de son attention ; j'en atteste la certitude intime du défenseur, qui a aussi son impartialité. Oui, vous êtes convaincus que Bordeaux fut conquis sans coup férir ; qu'il fut occupé par les Anglais pour Georges III, leur maître ; que les conquérans sont restés témoins impassibles de la restauration, toutes les fois qu'ils ne l'ont pas contrariée ; et que leur autorité, dans vos murs comme dans la province, fut supérieure, absolue, et libre de tout autre coopération, à moins que leurs intérêts ne l'aient autrement exigé. Vous reconnaissez ces faits; vous êtes Français, et vous laisserez aux conquérans le soin d'immortaliser leur gloire sur la terre de la Grande-Bretagne.

Et moi aussi, j'invoquerai, à mon tour, les souvenirs de ce Prince, au nom duquel on vient vous demander de flétrir le courage, et de donner un démenti à la vérité; j'invoquerai ses souvenirs, non pas pour calomnier mon siècle, non pas pour semer la défiance et la terreur entre le monarque et la nation : Je ne viendrai pas, la robe sanglante de César à la main, évoquer le génie des vengeances, flétrir des classes entières de citoyens, et vous exciter à vous armer de la torche et du glaive contre des opinions que Dieu plaça dans le cœur de l'homme, pour les dérober à la puissance des tyrans.

Mais je vous dirai: Voulez-vous honorer la mémoire du Prince par des hommages dignes de son noble cœur? Il est tombé sous le fer d'une haine politique; gardez-vous d'éveiller ces autres haines politiques, dont l'exaltation méconnaîtrait bientôt la main qui les aurait caressées: que les manes invengés des rives du Gard et du Rhône vous effraient sur d'imprudentes récriminations. Gardez-vous de venger un crime par une injustice; oubliez de pénibles ressentimens, étouffez les haines au lieu de les réchauffer sans cesse. Que le spectacle de l'union rétablie, de la concorde et de la paix renaissantes parmi nous, console l'ombre auguste du Prince que vous pleurez. On n'est heureux que par la paix, on n'est fort que par l'union. Gardez, contre des agressions étrangères, cette ardeur de courage, ce mépris des dangers, qui pourra rendre un jour à la Patrie ce premier rang parmi les nations qu'elle n'aurait jamais dû perdre. Si la restauration naquit avec la paix, faites qu'elle s'affermisse par la gloire. Ce ne sera ni par des calomnies, ni par des proscriptions que vous réunirez les cœurs autour du trône restauré des Bourbons. Vous chérissez ce trône; vous verseriez votre sang pour le conserver; eh bien! sachez lui sacrifier d'injustes préventions, des regrets, des méfiances, des espérances même que l'ordre actuel réprouve. Les peuples ne s'attachent qu'aux institutions qui protègent; c'est sur leur bonheur qu'ils mesurent leur dévouement. Quand le soleil, aux premiers jours du monde, attira les hommages des humains, il ne se présentait pas à eux comme l'astre précurseur des tempêtes, mais comme le dieu qui verse sur la nature la lumière, la chaleur et la vie.

L'audience est levée et continuée au lendemain.

TROISIÈME AUDIENCE.

Du 17 septembre.

M. l'*avocat-général de Montobriq* prend la parole pour répondre à la défense présentée par le prévenu et par son avocat.

Il se plaint d'abord de ce que l'on a cherché à dénaturer la véritable question qui doit occuper les jurés. Le prévenu aurait dû se renfermer dans le cercle tracé par l'accusation, au lieu d'établir la discussion sur le terrain qu'il choisissait lui-même.

Peu importent ici les actes d'autorité du général anglais et l'usage qu'il peut avoir fait de la force dont il était revêtu : il s'agit seulement de savoir si l'écrit du sieur Pujos est conçu dans des termes propres à outrager les plaignans.

D'abord, en ce qui touche M. le maire de Bordeaux, il est évident que l'auteur de la Tribune a parlé de la proclamation émanée de ce magistrat comme d'un écrit contenant des excitations à la discorde. Quelle que soit l'opinion du sieur Pujos sur les circonstances au milieu desquelles la proclamation a été publiée, il reste toujours que si l'on jugeait cet acte du maire d'après la Tribune, on serait forcé de considérer M. le maire comme ayant excité à la discorde.

Voilà bien l'imputation d'un fait propre à porter atteinte à l'honneur du plaignant. On a employé un langage ironique, propre à déverser sur lui le mépris. Les mots *énergiques démonstrations*, employés pour indiquer la manifestation des sentimens les plus honorables, sont détournés par le sieur Pujos de leur sens naturel, et présentés comme si le maire avait voulu exciter des passions criminelles.

M. Pujos dira, sans doute, que c'est abuser de l'interprétation : mais MM. les jurés se souviendront que le ministère public *n'interprète pas ;* il se borne ici à rappeler les expressions répréhensibles que le prévenu a employées. Or, ces mots contiennent, sinon l'imputation d'un fait précis, du moins l'assertion outrageante que la provocation à la discorde se trouve dans la proclamation du maire.

La vérité de cette assertion n'a pas été prouvée par l'auteur : la conséquence de ce défaut de preuve ne peut être que sa condamnation.

Quant à la plainte du Corps municipal, le sieur Pujos n'a pas changé l'état où était le procès lors de l'ouverture des débats : il a prétendu, pour repousser l'examen même de la plainte, que le Corps municipal qui se plaint en 1820, n'est pas le même que celui qui a pris part aux événemens de 1814. Il est vrai qu'un grand nombre des membres qui étaient en exercice en 1814 ne le sont plus aujourd'hui; il n'en reste que quatre parmi ceux qui ont délibéré le 21 mars 1820; mais cette circonstance ne peut empêcher d'aborder la discussion. Les corporations ne meurent pas: les membres changent; mais le corps reste le même: c'est un des principes élémentaires du droit. La transmission du même titre et du même pouvoir établit une solidarité d'honneur et d'infamie, qui repousse la fin de non-recevoir invoquée par le sieur Pujos.

Si des membres isolés du Coprs municipal avaient rendu plainte contre l'auteur de la Tribune, il n'aurait pas manqué de les repousser, sous prétexte que l'injure ne pouvait toucher les individus, et n'offensait que le Corps municipal. Le même moyen, présenté dans un sens contraire, ne saurait avoir plus de succès.

Le prévenu a revendiqué les droits de l'histoire, il a prétendu qu'il avait le droit de juger les faits devenus historiques, et a cité, à l'appui de son système, un arrêt rendu au sujet de la mémoire du maréchal Brune. Mais l'écrivain qui avait retracé le tableau des férocités de ce général avait des droits qui n'appartiennent pas au rédacteur de la Tribune: il n'avait pas, comme lui, altéré les faits qu'il racontait ; et quand ceux que le prévenu rappelle auraient été conformes à son récit, quand il n'aurait dit que la vérité, n'y a-t-il pas des circonstances où il vaut mieux enfouir la vérité que de troubler les vivans par des révélations intempestives ?

En écartant ainsi la fin de non-recevoir, dont le prévenu cherche à s'envelopper, que reste-t-il à savoir ? c'est si l'écrivain a outragé la ville de Bordeaux, en affirmant que ses magistrats l'ont volontairement livrée à l'armée anglaise. Rien de plus diffamatoire qu'une semblable assertion.

Le prévenu, au lieu de l'atténuer, lui a donné au contraire plus de force et de gravité. Vous avez entendu le défenseur s'écrier, en s'adressant aux municipaux de Bordeaux : *Dans votre soif de servitude, vous avez été au loin mendier un regard du vainqueur, et solliciter les fers qu'avait brisés la valeur de vos ancêtres.*

Et cependant, continue M. l'avocat-général, ces magistrats que le sieur Pujos traite avec tant de mépris, que pouvaient-ils faire de plus, en admettant le système de la conquête ? ils ne pouvaient que se soumettre à la force majeure. Mais non, il n'en fut pas ainsi ; ils accueillirent avec transport le fils de France, que les Anglais rendaient aux voeux de la ville fidelle.

On vous a parlé d'un acte d'autorité du général

anglais relativement au maire de La Teste : on a voulu en conclure que ce général exerçait seul le pouvoir ; mais on aurait dû ajouter que le maire de La Teste ne subit ce traitement que pour avoir refusé de se soumettre à S. A. R. Mgr. le duc d'Angoulême.

C'est avec aussi peu de fondement qu'on a raisonné, quand on a rappelé l'absence de la Cour royale, et qu'on a affirmé que la justice ne se rendait pas au nom du Prince. Son Altesse fut instruite que la plupart des magistrats, par suite de la fidélité à leurs sermens, avaient cru devoir se retirer. Elle voulut respecter ces scrupules d'une conscience religieuse, et leur laissa, pour reprendre leurs fonctions, le temps de s'assurer qu'ils étaient relevés de leurs premiers sermens.

Le sieur Pujos s'offense de l'anniversaire du 12 mars : mais doit-on s'abstenir de cette commémoration pour complaire à ses répugnances ? doit-on supprimer la fête du 21 janvier, pour ménager à certaines personnes des souvenirs pénibles ? Non, les concessions ne peuvent aller aussi loin, et la ville fidelle célébrera toujours le retour d'une journée où son dévouement s'illustra au milieu des dangers.

M. *Mérilhou.* Puisque le ministère public croit devoir prolonger ces débats, il faut que je redresse, à mon tour, cette partie de la discussion nouvelle qui pourrait conduire à des conséquences erronnées. Je ne rentrerai ni dans l'exposé du point de droit, ni dans l'examen du caractère des faits que nous avons invoqués; ce que M. l'avocat-général n'a pas contesté, je le tiens pour irrévocablement concédé: je me bornerai à discuter les objections que vous venez d'entendre, autant toutefois que la rapidité du discours m'aura permis de les saisir.

C'est une grande et une commode erreur que de prétendre, avec M. l'avocat-général, que les accusés ne peuvent sortir du cercle où il a cru devoir les placer, et que nous ne pouvons rectifier les questions quand il les a mal posées.

Je le disais à l'avant-dernière audience : dans cette enceinte, le ministère public et nous, nous sommes égaux ; il accuse, et nous nous défendons; mais, organe de l'accusation, il n'en est pas l'arbitre. Il est lié par la plainte; il est lié par l'arrêt d'accusation: il doit en appuyer les conclusions; il doit en soutenir les faits, mais il ne peut pas les changer; et quand nous avons exposé la défense, c'est à lui à venir nous chercher sur le terrain où nous nous sommes retranchés. Il faut qu'il abandonne son camp et qu'il vienne forcer le nôtre, sous peine de voir notre défense rester invincible, et le jury la consacrer par sa déclaration.

La question que nous avons discutée est celle qu'ont posée les plaignans : que M. l'avocat-général veuille l'éluder, je le conçois ; mais c'est une raison pour moi de vous la rappeler. La thèse qui vous est soumise est de savoir si Bordeaux a été conquis par une armée de vainqueurs, ou bien traversé par des troupes alliées et amies.

La conquête se prouve par les actes du conquérant ; et vous savez si les actes que nous avons cités hier sont des actes de la conquête, ou des preuves d'alliance et d'amitié. Ces actes ne sont pas démentis par le ministère public ; ils restent donc comme preuve au procès.

La justice n'est pas rendue au nom du Roi ; les magistrats s'exilent volontairement ; les propriétés publiques et particulières sont confisquées le lendemain. L'Anglais nomme et destitue les fonctionnaires, leur enjoint de n'obéir qu'à lui seul ; il dissout la force publique de sa propre autorité, fixe le cours des monnaies, autorise le régime des douanes, dispense de porter la cocarde blanche. L'Anglais fait emprisonner par ses troupes les patrouilles de la garde du Prince ; il empêche d'obéir aux fonctionnaires que le Prince a nommés. L'Anglais déclare aux Bordelais (1),

(1) Après l'entrée du lord Béresford à Bordeaux, les commissaires de police lui furent présentés. L'un d'entr'eux lui dit d'ex-

aux Toulousains, qu'il ne sert pas les Bourbons; il déclare à son gouvernement qu'il ne prend possession que pour lui, et l'on ose ensuite *nier la conquête?*

Pendant qu'on la nie avec tant d'assurance, le préfet de Bordeaux la confesse, avec solennité, dans sa lettre au maire; Wellington demande à son gouvernement sept millions de francs pour ses droits de guerre dans la prise de Bordeaux, et notre gouvernement lui paie, pour ce droit de guerre, deux millions deux cent mille francs. On dira ensuite *qu'il n'y a eu ni guerre ni conquête de Bordeaux.*

Messieurs les jurés, le courage me manque pour combattre de semblables dénégations.

M. l'avocat-général vous a dit, pour prouver la toute-puissance du Prince, que le maire de La Teste n'avait été l'objet de la sévérité de M. de Wellington que pour avoir refusé de se soumettre à S. A. R. Mgr. le duc d'Angoulême.

Si M. l'avocat-général veut bien lire la lettre

---

pliquer nettement ses projets et son caractère; que s'il venait pour rétablir les Bourbons, lui, commissaire de police, était prêt à revêtir l'écharpe blanche; mais que s'il entrait en ennemi, lui, commissaire de police, apportait sa démission.

Je l'accepte, dit l'Anglais; et le commissaire de police fut remplacé. Ce respectable citoyen aurait déposé de ce fait à l'audience, sans la *distraction* de l'huissier Peytoureau.

de M. de Wellington au général Dalhousie, insérée dans le Mémorial Bordelais, du 14 avril 1814, FEUILLE OFFICIELLE, il y verra que le maire de La Teste avait refusé de laisser embarquer les agens anglais, porteurs des ordres du général anglais.

Cet événement prouve le contraire de ce qu'avait avancé M. l'avocat-général : c'est le monument le plus authentique de l'indépendance absolue que M. de Wellington affectait en France, sous les yeux même du représentant du Roi de France, de S. A. R. Mgr. le duc d'Angoulême.

Cet acte de l'Anglais, si insultant pour l'autorité royale, cet acte prouve mieux la conquête que tous nos discours.

Le ministère public suppose que la doctrine légale de la perpétuité des corporations autorise suffisamment l'action du Corps municipal de Bordeaux. Ce principe qu'invoque la partie publique, je l'avais reconnu d'avance; mais j'en avais restreint l'application dans des bornes que la raison prescrit. Cette solidarité d'honneur et d'infamie, qui pourrait l'avouer ? qui voudrait s'y soumettre ? quel magistrat, quel pontife voudrait, en l''acceptant, s'approprier les actions les plus répréhensibles des siècles les plus féconds en forfaits ? Les conseillers municipaux de 1820 se croient-ils solidaires avec les conseillers municipaux de 1793 ?

Ils veulent s'identifier avec le conseil de 1814; mais où étaient-ils au 12 mars? Quelle part chacun d'eux a-t-il prise à cet événement? Etaient-ils à Bordeaux pour arborer la cocarde blanche? Attendaient-ils les événemens dans une retraite obscure, sans danger et sans gloire? Combattaient-ils sous les aigles à Toulouse, ou jugeaient-ils, à Périgueux, sous les bannières tricolores?

Que chacun d'eux précise bien sa situation d'alors, au lieu de chercher à s'emparer d'une action qui lui est étrangère, dont tous ignorent les détails, et dont ils ont tant défiguré le tableau. Qu'ils laissent aux conseillers de 1814 l'honneur et la plainte, puisqu'ils leur ont laissé le travail et le danger.

Je réclamais hier, devant vous, les droits qui appartiennent à l'histoire, le droit de blâmer ou de louer les actions qui changent la face des empires et disposent du sort des nations; je citais l'arrêt mémorable rendu au sujet d'un grand capitaine qui appartient à l'histoire par une vie pleine de grands travaux, et par une mort à jamais déplorable.

J'ai entendu parler tout à l'heure de l'*histoire de ses férocités*..... A ces mots, j'ai été saisi d'une vive affliction, en voyant que la mémoire de cette illustre victime était ici sans défense, quand elle n'était pas sans accusateur. Je ne veux pas prolonger, par un incident, une discussion déjà trop longue; mais je vous dirai que la mémoire des morts les plus obscurs fut sacrée chez tous les peuples; je vous dirai que la cendre du héros qui vainquit la Hollande, soumit l'Helvétie et pacifia la Bretagne, a droit au respect de la patrie que son bras a sauvée; je vous dirai que si la crédulité a trop souvent accueilli ces calomnies déplorables qu'une haine aveugle a créées pour justifier un grand crime dont l'impunité offense le ciel et scandalise la terre, du moins, dans ces murs, ces calomnies devraient être repoussées avec indignation, car le maréchal Brune a sauvé Bordeaux........... Oui, le maréchal vous a sauvés, vous ou vos pères..... Aux jours de la terreur, il fut envoyé dans cette cité pour exécuter des ordres d'extermination: il s'agissait de décimer les familles, de démolir les maisons, de confisquer les richesses, pour punir le berceau des députés girondins, au sort desquels on associait alors les nobles, les royalistes et les prêtres. Brune protégea ceux qu'il aurait dû détruire, et, au péril de sa vie, préserva Bordeaux du sort de Lyon. J'en atteste le témoignage des familles des proscrits. Les enfans ou les frères de ces grands citoyens m'entourent; que la voix reconnaissante de ceux dont il sauva les pères, réponde pour lui au ministère public!

On nous dit que l'écrivain dont se plaignait la maréchale Brune avait respecté la vérité, et que M. Pujos l'a défigurée. C'est à vous, Messieurs les jurés, c'est à vous de répondre si le fait de la conquête a été défiguré par nous, ou mal à propos démenti par la partie plaignante.

On reproche au défenseur d'avoir aggravé l'offense au lieu de la justifier ; mais il répondra que ses paroles ont été mal entendues. Je n'ai pas dit que *les autorités municipales eussent été au loin mendier un regard et les fers du vainqueur ;* je savais, et je crois avoir établi que les autorités furent étrangères aux démarches préliminaires au 12 mars ; et c'est là la justification du prévenu, qu'on accuse d'avoir diffamé les autorités municipales. Mais si j'ai parlé de ceux qui allèrent solliciter de Béresford l'invasion de leur ville natale, j'en ai parlé d'après le récit même de M. l'avocat-général : il a cité le fait ; il a nommé le négociateur ; il a lu les pièces qui lui servent de preuve ; il sait mieux que moi que ce n'est pas à l'autorité municipale que mon exclamation doit s'adresser. J'ai parlé de cette démarche avec l'accent de l'indignation : M. l'avocat-général l'a rappelée avec celui de l'admiration. Il a dit sa pensée ; j'ai dit la mienne : j'ai le droit d'improuver ce qu'il loue ; je suis ici pour le combattre et non pour l'applaudir.

M. l'avocat-général nous demande ce que pouvaient faire les autorités de Bordeaux, devant l'armée que nous avons appelée *conquérante?*

Ce qu'elles pouvaient faire, je l'ai indiqué, et je n'ai pas été compris; je vais plus clairement l'expliquer.

Les autorités de Toulon, au mois d'octobre 1793, étaient aussi dévouées à l'intérêt des Bourbons, que les autorités de Bordeaux, au mois de mai 1814. La flotte anglaise était en vue du port; elle était plus forte que ne l'étaient, au 12 mars, les 1,500 hommes du maréchal Béresford; aucun Toulonais n'était allé solliciter l'amiral anglais. Les autorités toulonaises choisirent des députés pour traiter avec l'amiral anglais : des pouvoirs leur furent donnés; une capitulation fut faite, où l'Anglais s'oblige à *occuper le port de Toulon*, AU NOM DU ROI LÉGITIME DE FRANCE, *avec le régime de la constitution arrêtée par l'Assemblée nationale.* Il promet *de ne toucher, en aucune manière, aux propriétés; que, bien au contraire, elles seront très-scrupuleusement protégées........ et lorsque la paix aura lieu, ce que j'espère bientôt*, dit l'amiral, *le port de Toulon avec tous les vaisseaux qui s'y trouvent, ainsi que les forteresses et toutes les forces qui y seront réunies, seront rendues à la France, d'après l'inventaire qui en aura été fait actuellement.*

L'entrée de Toulon ne fut ouverte à l'amiral anglais, qu'après qu'il eut signé ces conditions, à bord de son vaisseau. Le lendemain, il renouvela son engagement, par une proclamation dans laquelle il dit : *Je ne veux que répéter, par ces présentes, ce que j'ai déjà déclaré aux habitans du sud de la France, que je ne prends possession de Toulon, que* POUR LE TENIR ET PRÉSERVER POUR LOUIS XVII.

Loin de moi le dessein d'incriminer les intentions des hommes du 12 mars ; toutefois il me sera permis de comparer leur conduite à celle des autorités Toulonaises, dont le royalisme ne cédait pas au leur, et ce n'est pas ma faute si la gloire de la prudence et de la sagesse, ne reste pas à ceux qui disposèrent alors du sort de Bordeaux.

S'ils cédaient à une force majeure, ils devaient faire une capitulation ; s'ils ouvraient les portes à des alliés, ils devaient avoir la preuve de l'alliance, et ne pas s'exposer au démenti que devait leur donner Wellington, dans son Mémoire au Parlement, où il réclame trois millions d'honoraires pour avoir *conquis Bordeaux.*

Imprudens accusateurs ! voyez, par l'exemple des magistrats toulonais, que le royalisme n'exclut pas la prudence. Vous prétendez avoir servi votre Roi, et vous n'avez fait que remettre sa cause à la *loyauté britannique ;* vous n'avez pas exigé la plus légère promesse pour la restitution de Bordeaux à la couronne de France. Si notre belle Aquitaine n'est pas restée province anglaise, ce n'est pas à la sagesse de votre mesure que la reconnaissance en est due ; si la France a payé deux millions deux cent mille francs pour les *honoraires* de M. de Wellington, c'est à vous qu'elle doit l'imputer, c'est à votre imprévoyance, c'est à l'absence des plus simples stipulations, des plus légères garanties. Vous vous offensez de la censure d'un écrivain privé...... félicitez-vous plutôt de n'avoir pas reçu, du haut de la tribune nationale, cette censure de la Patrie, que vous n'avez que trop provoquée, en imposant au Roi le traité du 1.er septembre 1817 ; félicitez-vous de ce qu'une sorte d'indulgence pour les désordres des temps a empêché de faire supporter par vos fortunes privées les sacrifices que ce traité commande, que votre légèreté a rendus nécessaires, que vous pouviez éviter, et dont le trésor de l'État ne devait pas être responsable.

Avec de tels souvenirs, le silence conviendrait mieux qu'un langage fastueux.

Vainement viendra-t-on nous répéter sans cesse, et toujours sans preuve, que c'est ici la cause de

Bordeaux, que c'est de l'honneur de la population tout entière, que nous discutons en ce moment.

J'ai prouvé hier, par des témoignages bien graves, que la population bordelaise, que les autorités mêmes étaient étrangères à ce débat. Les faits que j'ai cités sont restés sans contradiction.

Je puis donc toujours soutenir que cette cause n'est pas celle des autorités municipales de Bordeaux, ni celle de la population de cette ville.

Qu'importe, en effet, à leur honneur, le blâme ou la louange des événemens du 12 mars, puisque ces événemens ont été médités et consommés sans leur participation et à leur insçu, ainsi que nous l'attestent les écrits de MM. le comte de Lynch, de Taffard et le chevalier Rollac (1) ?

C'est ici une querelle privée, où des intérêts individuels se cachent derrière de grands noms, et où l'on espère obtenir sur nous une victoire plus facile, en substituant des adversaires fantastiques

---

(1) M. le chevalier Taffard de Saint-Germain, commissaire du Roi en Guienne, en 1813 et 1814, a publié, à l'occasion du procès, un écrit revêtu de sa signature et de celle de M. de Pomiez, membre du conseil royal. M. Taffard a adressé à M. Rollac divers rapports sur la journée du 12 mars ; ce dernier les a insérés dans son *Exposé Fidelle*. Quant à M Lynch, il existe de lui un rapport officiel, écrit en Angleterre, et des lettres adressées à Madame la baronne de .... sur les événemens du 12 mars 1814.

à ceux qui pouvaient être nos véritables contradicteurs, à ceux-là qui, seuls, avaient un intérêt réel à revendiquer devant vous, ce que l'écrivain de la Tribune n'a pas contesté, le royalisme de leurs intentions.

Vous jugerez de la faiblesse de la plainte, par le silence des véritables intéressés. Ils auront été les premiers, sans doute, à reconnaître l'impossibilité de contester que les Anglais soumirent Bordeaux à l'humiliation d'une conquête sans gloire, si elle ne fut sans profit. Ils auront déploré vos commentaires sur l'article du 12 mars, puisqu'ils ont mis M. Pujos dans la nécessité de dévoiler des faits officieusement enlevés à la sévérité de l'histoire ; et sans partager peut-être l'irritation de l'écrivain de la Tribune sur la blessure faite à l'orgueil national, les auteurs du 12 mars ont attesté par leur silence l'injustice de vos interprétations.

J'avais donc raison de le dire : cette cause est étrangère à mes accusateurs. Si l'honneur de quelqu'un avait pu être atteint par le blâme injuste ou rigoureux de M. Pujos, c'est précisément l'honneur de ceux qui ne sont pas plaignans dans le procès actuel. — Ainsi, vous écarterez ces prête-noms qui viennent se jouer du nom de votre noble cité, jusqu'au point d'en faire une décoration pour l'amour propre de quelques hommes qui ont compromis son existence avec une si déplorable légéreté.

Messieurs, suivant l'avis de notre philosophe périgourdin, le naïf Michel Montaigne, les écrits qui ont besoin de commentaire sont bien près d'être obscurs, et les actions héroïques n'ont pas besoin d'apologie. Le dévouement des bourgeois de Calais n'a jamais eu l'honneur des douze colonnes d'explication que le Conseil municipal de Bordeaux a cru nécessaires pour que la postérité ne lui enlevât rien du juste tribut d'hommages qu'il pense lui être dus.

Pourtant jusqu'ici, je ne sache pas qu'aucun écrivain, même les plus amis des paradoxes, ait accusé les bourgeois de Calais d'avoir livré leur ville à Edouard.

Pourquoi donc aujourd'hui cet appareil de procédure et tout ce faste officiel, et cet échange de panégiriques et d'apologies ?

Ce n'est pas sans doute pour arriver à la condamnation d'un simple citoyen ; un motif aussi inhumain serait bien indigne de la générosité municipale.

Ce n'est pas non plus pour satisfaire des haines de parti ; car MM. les municipaux sont trop au-dessus de ces odieuses petitesses.

Ce n'est pas pour faire parler d'eux, et obtenir par arrêt la preuve d'une opinion qui sert d'attraction aux faveurs du pouvoir ; sans doute leur modestie et leur désintéressement ne permettent pas de supposer d'aussi mesquines combinaisons.

Il faut donc que quelque grand intérêt, quelque motif irrésistible les ait condamnés à se sacrifier dans ce débat mémorable.

Ce ne peut être que la crainte qu'ils avaient qu'une opinion déjà trop répandue en France ; ne s'accréditât par leur silence, et que la tradition ne convertît en vérité historique que Bordeaux s'est livré volontairement à une armée anglaise. Ils ont voulu laver leur ville d'une imputation odieuse, qui aurait à jamais pesé sur ses murailles. Ils y ont réussi ; car il est démontré que la ville de Bordeaux fut surprise par quelques hommes, et ne se livra pas ; que la municipalité ne fut pas consultée ; que la garde urbaine résista ; qu'elle fut licenciée ; que ses magistrats s'étaient retirés, et que ce grand événement fut l'ouvrage d'un seul homme........ Que seul il en recueille aujourd'hui la gloire, et que l'histoire transmette son nom solitaire à la postérité.

Le sort de M. Pujos est maintenant hors de la question ; quels que puissent être les effets des menaces dont on continue à l'assaillir, qu'il soit condamné ou non, le grand résultat moral que devait produire ce débat, est désormais irrévocablement consommé. Le voile qui couvrait les événemens du 12 mars est déchiré ; grâce à cette discussion, l'occupation anglaise ne pourra plus être contestée : plus tard viendra, pour ses auteurs, l'heure de la modestie.

Dans les actions ordinaires, l'intention excuse le fait, et quelquefois peut le légitimer ; mais dans les actes qui ont influé sur le sort des peuples, les motifs les plus purs, qui suffiraient au tribunal de Dieu, et quelquefois au tribunal des lois, ne suffisent plus au tribunal de l'histoire, pour absoudre du blâme de la postérité. A cette juridiction inexhorable, la négligence, la faiblesse, la timidité, la folle confiance, sont placées au rang des crimes, lorsque de grands malheurs en ont pu résulter ; l'erreur d'un instant qui a pu précipiter une grande population dans un abyme de calamités, est quelquefois flétrie des titres les plus odieux, sans que la vie privée la plus pure puisse faire pencher la balance du côté de l'indulgence.

Parmi ces faits, l'action d'ouvrir son pays à l'ennemi, de livrer à la profanation les tombeaux des aïeux et l'enceinte des foyers domestiques ; compromettre la vie politique de sa Patrie, s'abstenir de toute précaution, de toute garantie ; enlever à ses concitoyens, tout à la fois, la protection du droit des gens, en omettant les traités, et la protection de la force, en éloignant la défense; voilà des actes pour lesquels on a publié des amnisties, jamais des récompenses, et d'ordinaire leurs auteurs en sollicitent plus qu'ils n'en craignent l'oubli.

Sans doute de fausses idées de bien public, l'ignorance du présent et du passé, l'imprévoyance de l'avenir, la faiblesse du caractère, le respect pour des droits héréditaires, une affection touchante consacrée par le malheur, de grands dangers à braver, de nombreux obstacles à surmonter, pourront servir d'excuse, mais non d'apologie. L'intention de servir des droits qui n'étaient pas ceux du vainqueur n'empêchera pas que la marche du vainqueur n'ait été favorisée, qu'une occupation militaire n'ait eu lieu, que des promesses hypocrites n'aient été données, que des rétractations déloyales ne s'en soient suivies, que des droits de conquête n'aient été exercés, et que le plus beau port du royaume n'ait été envahi par une rapacité militaire qui fut toujours étrangère au cœur des vrais héros.

Voilà des faits contre lesquels ne pourront prévaloir des subtilités scolastiques, et que la conscience d'un jury ne saurait démentir.

Toutefois, Messieurs les jurés, ce n'est pas ici la réprobation du 12 mars qu'on sollicite de vous, c'est la déclaration de l'innocence du prévenu, c'est-à-dire, celle de la vérité de l'occupation militaire de l'armée anglo-espagnole, parce que sur des faits constans il a eu le droit d'avoir une opinion qui ne serait pas la vôtre.

Cette vérité une fois découverte, que vous importent les intentions plus ou moins pures des directeurs de cette journée? Nous avons désapprouvé leur conduite; nous en avions le droit: nous n'avons point attaqué leurs intentions; Dieu seul en est le juge. Mais ce n'est pas pour avoir improuvé le 12 mars que nous sommes accusés, c'est pour avoir avancé des faits faux; or, personne ne peut mieux connaître la vérité de ces faits, que ceux-là même qui les ont accomplis. S'il s'en trouvait parmi vous, c'est à leur conscience que nous en appelons; c'est leur serment que nous invoquons. C'est à leur loyauté que la loi a commis notre sort; nous ne craignons pas leurs préventions, parce que nous croyons à leur justice. Plus, dans le monde, les opinions de l'accusé diffèrent des leurs, plus, dans le temple des lois, ils apporteront de faveur et d'intégrité; car ce serait manquer à l'intégrité que de se saisir du sceptre des lois comme d'une arme de vengeance.

Après que M. Mérilhou a cessé de parler, M. le président demande à M. Pujos s'il n'a rien à ajouter à sa défense.

Sur sa réponse négative, M. le président déclare que les débats sont fermés.

M. le président fait son résumé. Il pose ensuite les questions que le jury doit décider. Elles consistent à savoir si M. Pujos est coupable d'avoir diffamé le Maire et le Conseil municipal de Bordeaux, par la publication des deux articles de la Tribune.

M. *Mérilhou* demande à rectifier la position des questions. Il expose qu'il croit nécessaire de compléter la question principale et d'ajouter des questions accessoires.

D'abord, quant à la question principale, dit-il, elle doit être rédigée dans l'esprit des articles 241 et 337 du Code d'inst. crim. Dans les procédures de la presse, il n'y a pas d'acte d'accusation dont la proposition finale soit destinée à devenir la question que résoudra le jury ; mais la question que rédige le président doit avoir le même caractère que celle que rédige le procureur-général dans l'acte d'accusation. Il faut indiquer le fait matériel dont l'imputation est arguée de diffamation ; il faut interroger le jury sur les circonstances imputées, au lieu de se borner, comme le fait aujourd'hui M. le président, à indiquer le fait par sa qualification légale.

Il ne faut pas se borner à demander si le prévenu est coupable de diffamation, mais dire quelle est l'imputation qui constitue cette diffamation ; car on doit éviter les questions complèxes, et le jury est juge du fait et n'explique pas les lois. C'est pourquoi je propose cette rédaction : *Félix Pujos est-il coupable de diffamation envers le Conseil municipal* ACTUEL *de Bordeaux, pour avoir affirmé, dans le* N.° 102 *de la Tribune, que, le* 12 *mars* 1814, *les Anglais prirent possession de Bordeaux au nom de Georges III ?*

Quant aux questions accessoires, je prie M. le président de relire les art. 338 et 339 du Code d'instruction criminelle ; il y verra que lorsque l'accusé aura proposé pour excuse un fait admis comme tel par la loi, la question sera ainsi posée : *Tel fait est-il constant ?*

L'art. 20 de la loi du 26 mai 1819 porte : *La preuve des faits imputés met l'auteur de l'imputation à l'abri de toute peine.*

A la vérité, nous avons été déclarés déchus de faire la preuve, aux termes de l'article 21.

Mais je prétends que la preuve des *faits imputés* n'avait pas besoin d'être faite, et qu'elle résulte suffisamment de la plainte elle-même et des autres documens du procès.

L'art. 21 peut bien empêcher le prévenu de *faire la preuve*, mais ne *le dépouille* pas du bénéfice de la preuve qui existe sans qu'il l'ait faite.

Je demande, en conséquence, la position des questions suivantes :

1.° *Est-il constant que, le 12 mars 1814, les Anglais ont conquis Bordeaux au nom de Georges III, et qu'ils y ont exercé tous les droits de conquête sans exception ?*

2.° *Est-il constant que, le 12 mars 1814, lord Béresford n'est entré dans cette ville qu'après qu'il a été* DEMANDÉ ET OBTENU *de lui la promesse d'une coopération active au succès de la cause royale, des garanties pour les propriétés publiques et privées, et l'engagement de défendre cette ville et de la conserver à la couronne de France ?*

3.° *Est-il constant qu'avant et depuis le 12 mars, les troupes anglaises n'aient agi que par les ordres de S. A. R. Mgr. le duc d'Angoulême ?*

4.° *Est-il constant que le commandant anglais n'ait exécuté, dans cette ville, aucun acte qui ne porte* ÉVIDEMMENT *le caractère d'une loyale alliance avec S. M. Louis XVIII ?*

Ces faits sont admis comme excuse par la loi ; ils sont constans ; et si on refuse de les soumettre au jury, on ne pourra tirer, de la déclaration à rendre, aucune conséquence pour ou contre la vérité de l'occupation anglaise.

M. *l'avocat-général* défend la rédaction des questions de M. le président.

La Cour, après s'être retirée dans la chambre du Conseil, rend l'arrêt suivant :

« Attendu que la position des questions proposées par l'avocat du prévenu, soumettrait au jury la décision de certains faits qui ne sont point articulés ni qualifiés dans l'arrêt qui renvoie le sieur Pujos devant la Cour d'assises ;

« Attendu que les questions subsidiaires proposées par le prévenu, ne contiennent point des faits d'excuse prévus par la loi ;

« Que la Cour n'est autorisée à présenter, au jury, des questions d'excuse, qu'autant que les faits qui sont reconnus constans pendant les débats sont d'ailleurs prévus par la loi ;

« Qu'il ne résulte des débats aucun fait constant qui puisse être allégué comme excuse par le sieur Pujos ;

« Attendu que l'arrêt de renvoi à la Cour d'assises a qualifié et articulé le délit de diffamation dont le sieur Pujos est prévenu ; qu'il ne peut être soumis au jury d'autres questions que celles qui résultent de cet arrêt ;

« Ouï les observations de M. l'avocat-général ;

« La Cour déclare n'y avoir lieu de changer la position des questions ; et néanmoins, sur la demande du prévenu et le consentement du ministère public, ordonne que ces mots seront ajoutés à la suite des deux questions : « *Délit tel qu'il est qualifié et articulé dans l'arrêt de renvoi à la Cour d'Assises, du* 4 *mai* 1820. »

Les jurés se retirent dans la chambre de leurs délibérations.

* *

Après en avoir délibéré pendant trois heures, ils rentrent dans l'audience, et leur président annonce que le sieur Pujos a été *déclaré coupable* à la majorité de *sept* voix contre *cinq*.

La Cour d'assises se réunit à la majorité du jury.

M. *l'avocat-général* expose que le sieur Pujos a été déjà condamné, par défaut, à un an de prison et à 2,000 francs d'amende. Il pense que, dans le débat contradictoire dont la Cour est saisie, le prévenu n'a rien produit à sa décharge, et qu'en conséquence, l'état des choses étant le même, il y a lieu de maintenir la condamnation par défaut.

M. *Mérilhou* réclame contre les réflexions du ministère public. Il est inexact de dire que l'état des choses est resté le même. La Cour sait bien que le droit de prouver les faits a été enlevé au prévenu, par une volonté étrangère dont il n'a pas pu se défendre. Malgré l'impuissance dont il s'est vu frappé à cet égard, l'évidence des faits qu'il avait allégués est devenue telle, qu'aucune conscience de bonne foi ne peut les méconnaître. A l'époque du jugement par défaut, le prévenu ne pouvait réclamer en sa faveur le jugement de la moitié de ses jurés moins un. Telle est aujourd'hui sa situation, qu'une voix *seule* l'a fait coupable. Par ces motifs, sans indiquer à la Cour la peine qu'elle doit prononcer, le défenseur ne pense pas que la rigueur de la première condamnation puisse être maintenue.

La Cour délibère, et maintient le premier arrêt par défaut.

M. Pujos s'est pourvu en cassation.

POST-SCRIPTUM.

Les pièces contenues dans ce volume étaient destinées à éclairer la Cour de cassation sur la procédure dont le sort lui avait été soumis. Les vices de cette procédure ont tellement frappé la sagesse de la Cour suprême, que la rapidité de sa décision a devancé la publication projetée. Par un arrêt du 9 novembre 1820, rendu sur le rapport de M. le conseiller *Gaillard*, elle a cassé l'arrêt de la Cour d'assises de la *Gironde*, et renvoyé la cause devant la Cour d'assises du département de *Lot-et-Garonne*.

Les débats se sont rouverts devant cette Cour, le 12 mars, et ont été terminés le 15 par une déclaration du *Jury*, rendue à la majorité de *onze voix* contre *une*, sans que le prévenu ait exercé *aucune récusation*, et après qu'un arrêt préliminaire l'avait déclaré déchu du droit de faire entendre ses témoins et de faire usage de ses pièces justificatives.

Voici le texte de l'ordonnance d'acquittement :

ORDONNANCE D'ACQUITTEMENT.

« Vu la déclaration du Jury, en date de ce jour, de laquelle il résulte que le sieur Félix Pujos n'est pas coupable de diffamation envers M. le Maire de Bordeaux ;

« Qu'il n'est pas coupable, non plus, de diffamation envers le corps municipal de la même ville ;

« Nous, président de la Cour d'assises du département de *Lot-et-Garonne*, procédant en vertu des pouvoirs qui nous sont conférés par l'art. 358 du Code d'instruction criminelle, déclarons que ledit sieur Pujos *est acquitté* de l'accusation portée contre lui.

« Fait à Agen, en séance des assises, le 15 mars 1821. »

Signé LAUJACQ, président.

Pour copie conforme :

Le greffier en chef de la Cour,
DICHÉ, l'aîné

Composition de la Cour d'assises.

M. Laujacq, doyen des conseillers en la Cour royale d'Agen, *président*.

MM. Candellon, Mollié, Barret-de-Lavedan et Bergogné fils, *conseillers*.

M. Lèbé, *avocat-général.*

MM. Lafont du Cujula, Bigos, Crebessac, Cornier-Gardère, Farcit aîné, Boivert, Pouydebat, Douat-Roseau, Mouchès, Dupeyron, Barsalou, Gassou, *jurés.*

SUPPLÉMENT

AUX PIÈCES JUSTIFICATIVES.

N.° 1.

Bordeaux, le 20 mars 1814.

Monsieur Gré Malville,

« Je vous prie, Monsieur, de faire transférer à pouvoir de M. Cummings, chargé de la 7.e division, toutes les clefs des magasins du tabac que vous avez. »

J'ai l'honneur de vous saluer, etc.

Le commissaire-ordonnateur de l'armée anglaise,
Signé J. OGYLVIE.

N.° 2.

« Nous soussignés Balguerie-Sarget, nous engageons *envers l'administration anglaise,* à représenter le navire *la Maria*, sauf le cas de force majeure. »

Bordeaux, le 21 avril 1814.

Pour MM. Balguerie-Sarget et C.e,
Signé CERISIER.

N.° 3.

« Nous soussignés armateurs du navire *le Jeune Édouard*, de ce port, déclarons nous rendre garans, *envers les autorités anglaises*, pour la descente de ce navire à Lormont, pour y être réparé. »

Bordeaux, le 22 avril 1814.

Signé CHOBELET-JUNIOR et C.e

N.° 4.

Bordeaux, 31 mai 1814.

« Veuillez, je vous prie, Monsieur, vous donner la peine de passer de suite à mon bureau, *Hôtel Poissac*, ayant à vous parler d'affaires essentielles. »

J'ai l'honneur de vous saluer.

Le commissaire-ordonnateur de l'armée anglaise,

J. OGYLVIE.

A M. Tendet, ex-concierge,
à Bordeaux.

N.° 5.

Monsieur le Maire,

« J'ai l'honneur de vous faire part que j'ai reçu aujourd'hui un court billet de M. le commissaire Ogylvie, qui m'invitait à me rendre chez lui.

« Je me suis empressé de satisfaire à cette invitation. M. le commissaire Ogylvie m'a demandé si, lors de l'entrée à Bordeaux de l'armée alliée, il n'y avait pas au *Pa-*

lais impérial quelque monument d'art ou effets précieux qu'il pût faire transporter en Angleterre *pour en faire hommage à S. M. britannique*, m'observant, en même temps, qu'il n'avait droit que sur les meubles ou effets qui se trouvèrent au palais le 12 Mars dernier. Je lui ai fait observer que tout avait été évacué, sauf les meubles de faible valeur que je lui ai désignés sans entrer dans aucun détail, et parmi lesquels il y a lieu de croire qu'il ne trouverait rien qui pût remplir ses vues, et il a terminé en me demandant *une note des effets évacués*. J'ai pensé, Monsieur le maire, qu'il était de mon devoir de vous donner avis de ce qui s'était passé à cet égard, vous priant instamment de me guider sur la conduite que j'ai à tenir dans cette circonstance. »

Je vous prie d'agréer, etc.

Signé TENDET, fils.

Bordeaux, 31 mai 1814.

A Monsieur le comte LYNCH,
maire de Bordeaux.

ERRATA.

Le procès de la Tribune a été imprimé à Périgueux, loin de la résidence des personnes qui ont fourni les pièces qui composent ce Recueil. Le défenseur était à Paris, et le prévenu était à Bordeaux. Ces circonstances n'ayant pas permis d'en envoyer les épreuves à la correction avant le tirage, les fautes qui s'y sont glissées ont rendu le présent *Errata* indispensable.

Pag. 14, lig. 15, au lieu de, *le nom de Georges III*, etc., lisez : *et le nom de Georges III*, etc.
Pag. 20, lig. 3, *Pujos auteur*, lisez : *Pujos éditeur*, etc.
Pag. 25, lig. 4, *Cortége du duc*, etc., lisez : *cortége au duc*, etc.
Pag. 25, lig. 16, *Cela ne peut être*, etc., lisez : *cela ne put être*, etc.

Pag. 26, lig. 9, *Deux cent mille francs*, etc., lisez : *deux millions deux cent mille fr.*, etc.

Pag. 32, lig. 13, au lieu de : *Propriétaire à Macan*, lisez : *à Macau*. Après M. Mirande de Lavergne, lisez : *M. de Villeneuve, propriétaire à Macau*, *et M. Daux, jeune, propriétaire à St.-Seurin*.

Pag. 65, lig. 5, *A se retirer à*, lisez : *à se retirer dans*, etc.

Ibid., lig. 3, *Ardel*, lisez : *Hardel*.

Pag. 96, lig. 3, *Pierre Vires*, lisez : *Pierre Vives*.

Ibid., lig. 11, *C'est ce que je vais dire*, etc., lisez : *et ce que je vais dire*, etc.

Pag. 100, lig. 15, *Alors l'illustre Ferrère*, etc., lisez : *ce fut alors que l'illustre*, etc.

Pag. 101, lig. 23, *M. de Canove*, lisez : *M. de Canole*.

Pag. 105, lig. 16, *Que vois je*, lisez : *que voyais-je ?*

Pag. 106, lig. 17, *Ce 17 mars*, etc., lisez : *le 17 mars*, etc.

Pag. 120, lig. 16, *Sir Bouwland*, etc., lisez : *sir Rouwland*, etc.

Pag. 132, lig. 1, *Sur-le-champ*, etc., lisez : *sur un champ*, etc.

Pag. 138, lig. 11, *Depuis 30 ans, que lorsque quelques-uns de ses enfans se rangèrent*, etc., lisez : *après 30 ans de victoires, que lorsque quelques-uns de ses enfans indignes se rangèrent*, etc.

Pag. 140, lig. 2, *Parmi vous*, lisez : *parmi nous*.

Pag. 141, lig. 1, *Et se livrent*, etc., lisez : *et livrent*. Ajoutez après le mot *triomphe* : *Tout ce qui peut en augmenter l'intensité*.

Pag. 143, lig. 8, *D'abord*, etc., lisez : *et d'abord*, etc.

Pag. 150, lig. 4, *Toujours une couche*, etc., lisez : *toujours en réserve une couche*, etc.

Pag. 164, lig. 21, au lieu des mots : *Les erreurs qui déterminèrent cette époque*, lisez : *les erreurs qui terminèrent cette époque*.

Pag. 179, lig. 24, au lieu de : *Sont combattues par moi*, lisez : *Sont combattues par nous*.

Pag. 180, lig. 14, au lieu de : *L'importunité de ses exhortations*, lisez : *de l'inoportunité de ses exhortations*.

Pag. 198, lig. 25, *Sottises*, lisez : *satyres*.

Pag. 211, lig. 15, *Tenacité*, lisez : *témérité*.

Pag. 217, lig. dernière, au lieu de : *Dessez*, lisez : d'*Essex*.

Pag. 218, note, lig. 3, au lieu de : *Brestigue*, lisez : *Brétigny*.

Ibid., note, lig. 10, au lieu des mots : *Sir* d'*Albret*, lisez : *sire* d'*Albret*.

Pag. 219, note, lig. dernière, au lieu de *Juvénal des Ussius*, lisez : *Juvénal des Ursins*.

Pag. 252, lig. 1, M. l'avocat-général *de Montobriq*, lisez : *de Montaubricq*.

Pag. 265 : lig. 25, *Trois millions*, lisez : *sept millions*.

www.ingramcontent.com/pod-product-compliance
Ingram Content Group UK Ltd.
Pitfield, Milton Keynes, MK11 3LW, UK
UKHW020204250726
13967UKWH00003B/1258